中国经济文库

应用经济学精品系列

中国经济文库 · 应用经济学精品系列（二）

◆ 国家哲学社会科学基金一般项目“草场流转视阈下边疆牧区牧户生计转型及福利测度研究”（项目编号：18BMZ135）阶段性研究成果

草原生态保护补助奖励机制对牧户福利差异影响研究

康晓虹◎著

Research on The Impact of Grassland Ecological Protection Subsidy and Incentive Mechanism on The Welfare Differences of Herders

中国经济出版社
CHINA ECONOMIC PUBLISHING HOUSE
北 京

图书在版编目（CIP）数据

草原生态保护补助奖励机制对牧户福利差异影响研究／康晓虹著．--北京：中国经济出版社，2021.4

ISBN 978-7-5136-3044-3

Ⅰ.①草… Ⅱ.①康… Ⅲ.①草原保护-奖励制度-研究-中国 Ⅳ.①F326.3

中国版本图书馆 CIP 数据核字（2021）第 074525 号

责任编辑 贺 静
责任印制 巢新强
封面设计 华子设计

出版发行 中国经济出版社
印 刷 者 北京捷迅佳彩印刷有限公司
经 销 者 各地新华书店
开　　本 710mm×1000mm 1/16
印　　张 11.5
字　　数 154 千字
版　　次 2021 年 4 月第 1 版
印　　次 2021 年 4 月第 1 次
定　　价 69.00 元
广告经营许可证 京西工商广字第 8179 号

中国经济出版社 **网址** www.economyph.com **社址** 北京市东城区安定门外大街 58 号 **邮编** 100011

本版图书如存在印装质量问题，请与本社销售中心联系调换（联系电话：010-57512564）

前 言

草原生态系统为牧户的生存与发展提供所需的物质基础，它集多种功能于一体，既具备为牧户供给基本生产、生活资料等经济功能，又发挥着保障牧户生计与养老、传承草原文化以及发展草原生态旅游等社会功能，还兼具生物多样性维系、水土保持、水源涵养、防风固沙等生态功能。然而，随着工业化、城市化进程的加速，可利用的草原面积日渐缩减，草原生态系统面临严峻考验。由于草原生态环境恶化，草原生态系统服务随之发生改变，这将深刻影响人类社会的生产生活乃至福利状况。自 2011 年起实施的草原生态保护补助奖励机制不仅关系到草原生态平衡的维持和草原生态资源的可持续开发，而且对于实现内蒙古牧区的草原增绿、牧户增收以及牧业增效，具有重大意义。

目前，理论界对包含补偿主体、补偿方式、补偿标准和补偿依据等在内的草原生态补偿机制本身，以及草原生态补偿机制的生态、经济和社会效益评价的研究较为多见，而关于草原生态补偿机制对牧户福利影响的探讨却鲜见。事实上，草原生态补助奖励机制实施后，草场的使用受限客观上会使牧户的组织生产与家庭收入、教育培训与发展机遇、社会保障和身体状况等方面发生改变，主观上会使牧户闲暇交往、草原生态环境评价、社会公平及心理感受等层面发生变化，这些变化又会进一步影响到牧户的福利水平。那么，草原生态保护补助奖励机制对牧户的福利状况、牧户间的福利差异的影响究竟如何？又会受到哪些因素的影响？围绕这些关键问题，按照研究内容的逻辑关系，本书分五部分 8 章内容，简述如下。

第一部分是理论部分，包括第 1~3 章内容。第 1 章为绪论，概述了本书的研究背景、研究目的及意义，并从生态补偿、农牧户福利、生态补偿机制等三个方面对国内外研究进展进行总结，之后介绍了本书的研究内容与研究方法、研究思路和结构以及研究的创新点。第2章是对本书相关理论基础的梳理，主要对福利经济学理论、外部性理论、公平理论、可持续生计理论进行了详细梳理与全面回顾，为下文展开牧户补奖福利水平测度、福利差异评价及其影响因素分析等研究奠定了理论基础。第3章是草原生态补奖机制实施过程中对牧户福利测度的理论分析。首先，对草原生态补偿机制对牧户福利影响的研究进展加以阐述。其次，分别运用成本收益分析法、埃奇沃斯盒状图分析法，对草原生态补奖机制给牧户福利乃至社会福利带来的影响进行理论解析，并据此提出本书研究的核心理论假设，即草原生态补奖机制能在一定程度上促进补奖牧户的福利提升。最后，构建了草原生态补奖机制下牧户家庭福利测度的理论框架，该框架包括牧户组织生产与家庭收入、教育培训与发展机遇、社会保障、闲暇交往与环境评价、社会公平以及身体状况与心理感受等6个福利维度。

第二部分是草原生态补奖机制实施现状以及调查实施后的基本信息统计，包括第4章内容。在该部分首先详细说明了调查区域的选取及草原生态补奖机制的实施情况，以及本书相关的调查实施概况、所获取的基本信息等内容；其次介绍了调查问卷的设计、数据来源与调查方法、问卷的信度与效度检测以及问卷的描述性统计分析。

第三部分是对草原生态补奖机制实施前后牧户福利的绝对水平和相对差异的测度，包括第5章和第6章内容。第5章是对草原生态补奖机制实施前后牧户福利绝对水平的测度。一是描述了研究地区补奖牧户家庭福利的功能性活动，以及相关指标的选取和统计性描述等基本情况；二是基于第3章中草原生态补奖牧户福利测度的理论框架，构建草原生态补奖机制下牧户福利测度的理论模型及其评价指标体系，涵盖牧户的组织生产与家庭收入、教育培训与发展机遇、社会保障、闲暇交往与环境评价、社会公平以及身体状况与心理感受等6个福利维度，包含20个因子；三是利用模糊综合评价分析方法，计算草原生态补奖机制实施前后牧户福利的隶属度，实证分析草原生态补奖机制实施前后牧户福利绝对水平的变化情况。从内蒙古东部、中部、西部9个牧业旗县中选取449个牧户数据的实证分析结果显示，实施草原生态补奖机制前牧户总福利值为0.438，实施草原生态补奖机制后牧户总福利值为0.455，福利变化方向为正，这表明实施草原生态补奖机制后牧户福利的绝对水平虽有所提升，但总体福利水平依然不高。总体上看，实施草原生态补奖机制前后牧户的总福利变动仅为0.017，变化并不明显，表明草原生态补奖机制对提高牧户福利的贡献并不突出，实施补奖机制后牧户的总体福利水平依然不高，处于中等偏低水平，草原生态补奖机制下牧户福利的改进仍有一定的空间。第6章是对草原生态补奖机制实施前后牧户福利相对差异的分析。主要从两方面展开研究：一方面，对实施补奖机制前后牧户整体福利差异的测度。首先，通过福利各功能性活动隶属度的牧户分布情况可知，牧户的福利总指数呈现出“中间大、两头小”的“类正态”分布趋势。其次，在不同异质性因素影响下对补奖牧户的福利差异进行扩展分析。结果显示，与禁牧型样本牧户相比，草畜平衡型样本牧户的福利水平更高；牧户的受教育程度越高、生计多样性指数越大、人均草场面积越广、地区经济发展水平越高，牧户的福利状况越好。另一方面，对草原生态补奖前后牧户内部福利分配差异的测度。利用洛伦兹曲线、福利基尼系数等指标分析后可知，实施补奖后牧户间的福利分配差距正在扩大。研究结果表明，草原生态补奖机制实施前后牧户福利的相对差异趋于加剧。

第四部分是对草原生态补奖机制实施前后牧户福利变化的影响因素的研究，包括第7章内容。在该部分运用OLS回归和分位数回归的对比分析，研究草原生态补奖机制下牧户福利的影响因素。其中，为考察草原生态补奖机制对牧户福利的影响，选取牧户当年获得的草原生态补奖资金量、牧户对于补奖机制的总体满意度指标作为解释变量，选取反映户主及其家庭基本特征、区域经济特征指标作为控制变量。实证结果显示，上述

2个解释变量均对补奖牧户的福利变化有着显著的正向影响。

第五部分是研究结论与展望，包括第8章内容。本章总结了本书的研究成果与研究结论，构建了草原生态补奖机制下牧户福利改进、福利差距缩小的政策制度框架。提出以下措施：适当提高补奖标准，逐步建立补奖标准的动态调整机制；完善牧户的补奖参与机制，提高牧户的补奖参与积极性；福利改进的程序要公平与效率兼顾，福利改进的方式应合理适度；改变牧区自上而下的供给决策机制，由单中心供给体制转向多中心供给体制；改善牧户的生计资本状况以实现牧户生计的可持续。这些措施将有利于调整包括政府在内的相关者的利益关系，实现牧区牧户福利的最大化，并为实现内蒙古牧区草原生态补奖机制顺利实施、牧户福利水平稳步提升以及牧区全面振兴三者协同推进发挥关键性作用。最后，针对研究中存在的不足进行讨论，以探明未来的研究方向。

当然，本书的研究成果只是阶段性的。由于笔者研究能力有限，加之牧区研究数据的获取与整理难度较高，而且在整体上我国微观主体的福利测度理论研究还有待完善，本书仍有诸多后续研究需要完成。希望本书的研究成果能为我国牧区草原生态补偿机制以及对牧民的福利政策研究提供一种积极尝试和有益补充。更希望国内学界同人、各位读者不吝赐教，共同推进我国草原生态补偿机制、牧区牧民福利政策的理论研究与实践发展。

目　录

1　绪　论 …… 1
1.1　研究背景 …… 1
1.1.1　草原生态补奖机制简述 …… 1
1.1.2　内蒙古草原生态补奖机制实施情况 …… 3
1.1.3　草原生态补奖机制下牧户福利研究的必要性 …… 5
1.2　研究目的及意义 …… 7
1.2.1　研究目的 …… 7
1.2.2　研究意义 …… 8
1.3　国内外研究进展 …… 11
1.3.1　生态补偿的研究进展 …… 11
1.3.2　农牧户福利的研究进展 …… 14
1.3.3　生态补偿影响农牧户福利的研究进展 …… 17
1.3.4　研究进展评述 …… 21
1.4　研究内容与研究方法 …… 22
1.4.1　研究内容 …… 22
1.4.2　研究方法 …… 22
1.5　研究思路 …… 23
1.6　研究的创新之处 …… 24
2　理论基础 …… 26
2.1　福利经济学理论 …… 26
2.1.1　福利的界定 …… 26
2.1.2　福利测度的理论 …… 27

2.1.3 福利比较与福利改进 …… 29
2.1.4 可行能力理论 …… 31
2.2 外部性理论 …… 33
2.2.1 外部性的内涵 …… 33
2.2.2 外部性后果的分析 …… 34
2.3 公平理论 …… 36
2.3.1 公平、均等理念的阐述 …… 36
2.3.2 不平等的测度 …… 37
2.4 可持续生计理论 …… 39
2.4.1 可持续生计的概念 …… 39
2.4.2 可持续生计分析框架内容 …… 39
2.5 本章小结 …… 40
3 草原生态补奖机制下牧户福利测度的理论分析框架和假设 …… 41
3.1 草原生态补奖机制下牧户福利变化的经济学理论分析和假设 …… 41
3.1.1 基于成本收益分析法的草原生态补奖机制对牧户福利影响分析 …… 41
3.1.2 基于埃奇沃斯盒状图分析法的草原生态补奖机制对牧户福利影响分析 …… 43
3.2 可行能力视角下牧户福利测度的理论分析框架 …… 45
3.2.1 家庭功能与家庭福利界定 …… 45
3.2.2 牧户家庭福利的特殊性 …… 48
3.2.3 可行能力视角下牧户福利测度的理论分析框架 …… 49
3.3 本章小结 …… 53
4 调查实施后的基本信息统计 …… 55
4.1 调查区域选取及其草原生态补奖机制实施概况 …… 55
4.1.1 调查区域选取及其基本情况 …… 55
4.1.2 调查区域草原生态补奖政策实施概况 …… 57
4.1.3 调查区域草原生态补奖机制实施效果 …… 58

4.2 调查问卷设计 …… 62
4.3 数据来源与调查方法 …… 62
4.3.1 数据构成及调查样本选取原则 …… 62
4.3.2 调查方法 …… 64
4.3.3 样本的分布情况 …… 65
4.3.4 问卷的信度和效度 …… 67
4.4 问卷的初步统计 …… 70
4.4.1 户主的属性 …… 70
4.4.2 被调查牧户家庭的基本信息 …… 70
4.5 本章小结 …… 74
5 草原生态补奖机制实施前后牧户福利的绝对水平变化分析 …… 75
5.1 补奖牧户家庭福利的功能性活动、相关指标选取及统计性描述 …… 75
5.1.1 草原生态补奖牧户福利测度的功能性活动及其指标设定 …… 75
5.1.2 总样本牧户家庭福利变化模糊评价指标的描述性统计 …… 83
5.2 基于模糊综合评价法的牧户福利测度分析方法 …… 86
5.2.1 草原生态补奖机制影响牧户福利的研究假设 …… 86
5.2.2 福利模糊函数的设定 …… 87
5.2.3 指标变量和隶属函数的设定 …… 87
5.2.4 指标的加总 …… 89
5.2.5 确定连续型初级指标隶属度时最大值与最小值的设置 …… 90
5.3 草原生态补奖机制实施前后牧户福利的绝对水平变化分析 …… 91
5.3.1 草原生态补奖机制实施前后牧户福利绝对水平变化的测算结果 …… 91
5.3.2 草原生态补奖机制实施前后牧户福利各个维度变化分析 …… 93
5.4 本章小结 …… 98
6 草原生态补奖机制实施前后牧户福利的相对差异分析 …… 100
6.1 补奖机制实施前后牧户整体福利差异测度的实证分析 …… 100
6.1.1 福利总模糊指数及各功能性活动隶属度的牧户分布情况 …… 100

6.1.2 按异质性因素对补奖牧户整体福利差异分解的扩展分析 …… 103
6.2 草原生态补奖机制实施前后牧户内部福利分配差异测度的实证分析 …… 112
6.2.1 牧户内部福利分配差异的洛伦兹曲线分析 …… 112
6.2.2 牧户内部福利分配差异的基尼系数分析 …… 113
6.3 本章小结 …… 115
7 草原生态补奖机制下牧户福利的影响因素分析 …… 117
7.1 草原生态补奖机制影响牧户福利变化的研究进展 …… 117
7.1.1 草原生态补奖机制的研究进展 …… 117
7.1.2 草原生态补奖机制影响牧户福利变化的研究进展 …… 119
7.2 草原生态补奖机制下牧户福利影响因素的分位数回归 …… 121
7.2.1 分位数回归法 …… 121
7.2.2 计量模型及变量定义 …… 122
7.2.3 补奖牧户福利的影响因素分析 …… 124
7.3 本章小结 …… 130
8 研究结论与政策建议 …… 132
8.1 研究结论 …… 132
8.1.1 基于可行能力理论的家庭福利分析框架适用于补奖牧户福利差异问题研究 …… 132
8.1.2 科学、合理地构建草原生态补奖机制下牧户家庭福利测度的理论模型 …… 133
8.1.3 草原生态补奖机制下补奖牧户福利水平虽有提高但仍有改进的空间 …… 133
8.1.4 草原生态补奖机制实施后牧户的福利差异正在加大 …… 134
8.1.5 草原生态补奖机制下牧户福利差异受多种因素的影响 …… 135
8.2 政策建议 …… 136
8.2.1 补奖标准要适当提高，动态调整机制要逐步建立 …… 136
8.2.2 牧户参与补奖的机制要完善，牧户参与补奖的意愿要提高 …… 138

8.2.3 福利改进的程序要公平与效率兼顾，福利改进的方式要合理适度 …… 139
8.2.4 自上而下的供给决策机制要改变，单中心供给体制要向多中心供给体制变革 …… 141
8.2.5 牧户生计资本状况要改善，牧户可持续生计要维系 …… 145
8.3 研究展望 …… 148
参考文献 …… 149
索 引 …… 167
后 记 …… 169

1 绪 论

1.1 研究背景

1.1.1 草原生态补奖机制简述

我国自2011年起，在内蒙古等8个省（区）的草原牧区实施首轮草原生态保护补助奖励机制（以下简称草原生态补奖机制），以期实现草原生态系统的逐步修复、农畜产品的有效供给以及牧民的持续增收。草原生态补奖机制的内容主要体现为禁牧补助、草畜平衡奖励和生产性补贴三个方面。2012年，国家又将草原生态补奖机制的补奖范围扩大至黑龙江等5个非主要牧区省。

根据已实施的各省（区）《草原生态保护补助奖励机制实施方案》来看，各省（区）草原生态补偿的面积及金额相差较大（见表1-1）。2011年，在全国主要实施草原生态补奖机制的8个省（区）中，草原生态补奖总面积为37.75亿亩，其中包括禁牧面积13.03亿亩、草畜平衡面积24.73亿亩；在补奖资金方面，仅包括禁牧补助与草畜平衡奖励在内的草原补奖金额就高达110.61亿元/年，占草原生态补奖总金额的81.30%。在首轮草原生态补奖方案中，禁牧补助的国家标准为6元/亩，草畜平衡奖励的国家标准为1.5元/亩，各省（区）参照国家标准自主确定与本地区实际情况相符的具体标准。全国8个主要政策实施省（区）中，草原生态补奖标准也并不统一。根据各省（区）的《草原生态保护补助奖励机制实施方案》，宁夏全区范围内实行禁牧政策，内蒙古、甘肃两地实施差别化的草畜平衡标准，其余5个省（区）的草畜平衡标准则统一按照国家标准执行。

表 1-1　全国草原牧区省（区）首轮草原生态补奖面积及资金（2011 年）

省（区）	补奖总面积/亿亩	占比/%	禁牧/亿亩	占比/%	草畜平衡/亿亩	占比/%	补奖资金/亿元/年	禁牧补助/亿元/年	草畜平衡/亿元/年
内蒙古	10.13	26.83	5.48	42.06	4.65	18.80	35.24	26.58	8.66
西藏	10.36	27.44	1.29	9.90	9.07	36.68	21.37	7.76	13.61
新疆	6.90	18.28	1.52	11.67	5.39	21.80	17.17	9.09	8.08
青海	4.74	12.56	2.45	18.80	2.29	9.26	18.14	14.70	3.44
甘肃	2.41	6.38	1.00	7.67	1.41	5.70	8.12	6.00	2.12
四川	2.12	5.62	0.70	5.37	1.42	5.74	6.33	4.20	2.13
云南	0.73	1.93	0.23	1.77	0.50	2.02	2.13	1.38	0.75
宁夏	0.36	0.95	0.36	2.76	0.00	0.00	2.13	2.13	0.00
总计	37.75	100.00	13.03	100.00	24.73	100.00	110.61	71.85	38.77
占比/%	—		31.66		68.34		—	64.95	35.05

资料来源：全国《草原生态保护补助奖励机制实施方案》、省（区）《草原生态保护补助奖励资金管理实施细则》。

2016 年实施的新一轮草原生态补奖机制中，具体的政策措施转变为禁牧补助、草畜平衡奖励和绩效考核奖励三个方面。本书将重点关注禁牧补助政策与草畜平衡奖励政策。按照政策要求，将生态脆弱、草原生存环境恶劣、草场严重退化沙化、不宜放牧、具有特殊功能的草原、草原生态保护核心区，以及位于大江大河水源涵养区的草原划定为禁牧区；禁牧区以外的草原根据承载能力核定适宜载畜量，划定为草畜平衡区。禁牧是使草原实现从放牧到不放牧的转变，而草畜平衡则是使草原实现从超载过牧到不超载过牧的转变，牧民因为不能放牧或者需要减畜而承担了一定的机会成本。因此，草原生态补奖的政策逻辑就在于，通过草原生态补奖机制的实施，在遏制已经存在的超载过牧现象的同时，给予牧户一定的生态补偿金额，以期实现草原生态的平衡以及牧民的持续增收。

1.1.2 内蒙古草原生态补奖机制实施情况

内蒙古是草原生态补奖机制的重要实施省份。从表 1-1 中不难发现，2011 年首轮草原生态补奖机制实施方案中，内蒙古牧区草原生态补奖总面积在全国范围内仅次于西藏，占全国总补奖面积的 26.83%，而内蒙古每年草原生态补奖资金与其他省（区）相比更是排在首位，占当年全国补奖总资金额度的 31.86%，补奖力度接近当年全国总补奖资金的 1/3。内蒙古牧区在全国草原牧区中的重要地位由此可见一斑。全区在首轮草原生态补奖政策实施过程中，总共投入的补奖资金数额高达 300 亿元，其中包括国家投资 213 亿元，自治区各级政府配套资金 87 亿元。政策覆盖全区 12 个盟市和 2 个计划单列市，其中包括 73 个旗县（市、区）605 个苏木乡镇的 10.13 亿亩天然草原，其中禁牧面积 5.48 亿亩，草畜平衡面积 4.65 亿亩，政策基本覆盖内蒙古境内绝大部分可利用草原，全区范围内共有 146 万个农牧户高达 534 万农牧民从中受益。

2016 年，第二轮草原补奖机制启动，按照该政策要求，内蒙古要完成 10.2 亿亩的补奖任务，包括 4.0478 亿亩的禁牧任务和 6.1528 亿亩的草畜平衡任务。禁牧任务主要集中在内蒙古的中西部地区，仅乌兰察布市、巴彦淖尔市、鄂尔多斯市和阿拉善盟等地区的禁牧面积就有 2.2052 亿亩，占全区禁牧总任务的 55%；而草畜平衡任务则主要集中于内蒙古的中东部地区，呼伦贝尔市、兴安盟、赤峰市、通辽市和锡林郭勒盟等地区的草畜平衡面积达 3.6568 亿亩，占全区草畜平衡总任务的 60%。其中，呼伦贝尔市、锡林郭勒盟和鄂尔多斯市等地区的禁牧面积为 1.2123 亿亩，占禁牧总任务的 29.95%；这三个盟市的草畜平衡任务为 3.5193 亿亩，占草畜平衡总任务的 57.20%。

基于首轮政策的实施情况，2016 年新一轮草原生态补奖政策作出调整，将禁牧补助标准在原有基础上上浮 1.5 元/亩/年，调高至 7.5 元/亩/年，将草畜平衡奖励在原有基础上上浮 1 元/亩/年，调高至 2.5 元/亩/年。“十三五”期间，中央财政将进一步加大资金支持力度，启动新一轮草原生态补奖机制，中央财政安排内蒙古第二轮草原补奖资金 46.12 亿元，比上一轮增加了 5.675 亿元（见表 1-2）。其中，内蒙古 33 个牧业旗县涉及补奖资金额共计 41.35 亿元，占总资金的 90.39%；全区 42 个贫困旗县涉及补奖资金额为29 亿元，占总资金的 63.4%。这些数字不仅体现出面向牧区草原生态补奖机制覆盖面的广泛性，也显示出补奖机制与牧区精准扶贫工作的紧密结合性。

表 1-2　内蒙古全区草原补奖政策盟市任务资金（2016—2020 年）

盟市	任务			资金				
					禁牧		草畜平衡	
	总任务/万亩	禁牧/万亩	草畜平衡/万亩	总资金/万元	中央资金/万元	地方配套资金/万元	中央资金/万元	地方配套资金/万元
合计	102006	40478	61528	461293	292427	3813	165023	30
呼伦贝尔市	10358.0	1687.0	8671.0	62941.0	23197.2	0.0	39743.8	0.0
兴安盟	2971.0	1644.3	1326.7	25110.0	19605.9	70.0	5404.1	30.0
通辽市	4406.2	3325.7	1080.5	35620.0	32129.0	0.0	3491.0	0.0
赤峰市	7177.5	3780.0	3397.5	48630.0	37391.0	0.0	11239.0	0.0
锡林郭勒盟	27177.0	5083.9	22093.1	117908.5	47885.7	3743.2	66279.3	0.3
乌兰察布市	3469.7	2352.7	1117.0	19620.0	16939.1	0.0	2680.9	0.0
呼和浩特市	60.0	60.0	0.0	450.0	450.0	0.0	0.0	0.0
包头市	2630.9	2630.9	0.0	16970.0	16970.0	0.0	0.0	0.0
鄂尔多斯市	9781.4	5352.2	4429.2	43530.0	34118.5	0.0	9411.5	0.0
巴彦淖尔市	7764.0	4233.0	3531.0	32460.0	25398.0	0.0	7062.0	0.0
乌海市	40.6	40.6	0.0	159.8	159.8	0.0	0.0	0.0
阿拉善盟	25635.5	10114.2	15521.3	55804.0	36918.8	0.0	18885.2	0.0
满洲里市	50.0	25.0	25.0	400.0	300.0	0.0	100.0	0.0
二连浩特市	484.1	148.5	335.6	1690.0	964.0	0.0	726.0	0.0

资料来源：《内蒙古自治区草原生态保护补助奖励政策实施方案》（2016）。

根据《内蒙古自治区草原生态保护补助奖励政策实施方案》（2016）（以下简称《方案》），内蒙古在制定区内盟市间差别化草畜平衡奖励标准时，继续采用首轮的“标准亩”概念，按照标准亩系数分配各盟市的草原生态补偿资金。“标准亩”是指根据内蒙古自治区天然草原的平均载畜能力，测算出平均饲养1个羊单位所需要的草地面积为1个标准亩，其系数为1，大于这个载畜能力的草原，其标准亩系数就大于1；反之则小于1。利用标准亩系数，将草原实际面积换算为标准亩面积，再按照禁牧补助7.5元/标准亩、草畜平衡奖励2.5元/标准亩给予补助奖励，或者利用标准亩系数，将禁牧补助7.5元/标准亩、草畜平衡补助2.5元/标准亩换算成所在地区的禁牧补助标准和草畜平衡奖励标准，再按照草原实际面积进行补助奖励。

内蒙古各盟市的补偿模式，因其实际情况不同所采取的模式也各异。大体上，可将补偿模式划分为按面积补偿模式、按人口补偿模式等。在实际操作中以前者居多，如呼伦贝尔市、乌兰察布市、鄂尔多斯市等盟市，后者则以阿拉善盟为代表。

1.1.3 草原生态补奖机制下牧户福利研究的必要性

由于草原生态环境的恶化，草原生态系统服务也随之发生改变，这将深刻影响人类社会的生活状况乃至福利水平（Ferraro，2014）。具体来讲，当某一生态系统服务的供给远大于需求时，此时生态系统服务的边际增长只能带来人类福利的微小改变；反之，当某一生态系统服务相对稀缺时，特别是在生态系统功能较为脆弱地区，抑或生态产品需求大于供给时，只要生态系统服务发生微弱变化，人类福利就可能大幅下降。在生态脆弱地区，生态补偿机制被认为是一种能够有效提升自然资源管理及其使用效率的环境经济政策工具。这种政策工具可以通过调整生态环境破坏者与保护者之间的利益关系，促进外部性效应的内部化，从而形成促进环境保护的激励机制，由于存在潜在的能够实现保护环境、减缓贫困和提升当地居民福利等多重目标，其备受决策者青睐（Alixgarcia，2015；柳荻等，2018）。

在内蒙古牧区，伴随着生态脆弱而敏感的草原生态环境的恶化，当地牧民福利的快速降低成为大概率事件。实施草原生态补奖机制的目标之一就在于，在保护草原生态环境的同时，确保牧户的收入不降低、福利不受损。可是，如果草原生态补奖的资金量不足以弥补牧户在被限制性放牧后遭受的损失，补奖后牧区的福利配套机制也不健全，就会使草原生态补奖机制给牧户的生活与福利带来负面影响。再加上补奖后牧民后续的生计资本匮乏、生计策略不能及时转变并发挥作用，以及牧区后续产业发展滞后、牧户技能培训和资金支持不足等制约因素得不到有效化解，都会在一定程度上挫伤牧户参与草原生态补偿机制的积极性，其结果必然使草原生态环境的退化得不到有效遏制，当地牧户的贫困化、边缘化、福利减退、两级分化等风险凸显，进而加剧牧户生产生活的脆弱性。由此可见，内蒙古草原生态环境退化及其治理过程，有可能引发草原生态补偿不充分、配套政策不到位乃至牧户福利不改善，致使当地陷入生态环境进一步恶化、牧户深度贫困以及地方经济发展滞后的恶性循环，而这些恰恰违背了草原生态补奖政策的初衷。自然资源的保护与生态环境的补偿，会使当地居民能力受限、发展受阻，虽然并非引发贫困、福利受损以及两级分化的唯一原因，但其客观因素可能带来的结果却不得不引起人们的重视。因此，牧区关于草原管理的一系列政策与福利制度等，不仅关系到草原生态系统服务水平及其功能的变化，更关乎牧民福利的不断改善和牧区的可持续发展（Smith et al.，2013）。如何在草原生态脆弱地区保持并增强草原生态服务功能的前提下，在有效推进草原生态补奖机制的同时，实现贫困减缓、牧户福利的持续改善以及两级分化缩小的多赢局面，对于保持草原生态系统平衡、维持社会公平以及促进牧区全面可持续发展具有极其重要的理论与现实意义。

对实施草原生态补奖机制后牧户的生产生活、身心状况、发展机遇及其社会保障等问题的关注，不仅涉及牧户福利的改善，影响内蒙古草原生态环境的变化，更与牧区乃至内蒙古全区的经济发展、社会的安定以及人民的幸福休戚相关（任爱胜等，2016）。只有草原生态补奖机制合理有效、补奖后牧区福利配套机制落实到位，才能深得牧民的支持与响应，在保持前期补奖成果的基础上继续顺利地推进补奖机制，实现可持续的草原生态建设与保护。有鉴于此，本书有必要研究在草原生态保护补助奖励机制背景下牧户的绝对福利水平、相对福利差异变动及其影响因素，对牧户进行合理补偿，健全相应的就业、教育、社保等配套政策，以提高牧户的福利水平，缩小牧户间的福利差距，不断增强牧民参与草原生态补奖政策的主动性、积极性和满意度。唯有这样，才能真正将草原生态环境的改善、牧户福利水平的提升以及社会的全面进步带入良性发展轨道。

1.2 研究目的及意义

1.2.1 研究目的

草原生态系统为牧户的生存与发展提供所需的物质基础，它集多种功能于一体，既具备为牧户供给基本生产、生活资料等经济功能，又发挥着保障牧户生计与养老、传承草原文化以及发展草原生态旅游等社会功能，还兼具生物多样性维系、水土保持、防风固沙、水源涵养等生态功能（侯向阳等，2015）。然而，随着工业化、城市化进程的加速，可利用的草原面积日渐缩减，草原生态系统面临严峻考验。自 2011 年起实施的草原生态保护补助奖励机制，不仅关系到草原生态平衡的维持和草原生态资源的可持续开发，而且对于实现内蒙古牧区的草原增绿、牧户增收以及牧业增效产生了深远影响。在推进草原生态保护补助奖励机制过程中，如何确保牧区牧户的福利不降低、差距不扩大，对于草原生态环境的保护、牧区经济的稳定及社会可持续的发展将起到至关重要的作用。本研究拟解决的关键问题包括以下几个方面。

第一，主要以福利经济学理论为基础，对草原生态补奖机制下牧户家庭的福利变化进行理论分析，据此提出研究假设。而后，以可行能力理论为基础，构建草原生态补奖机制下牧户福利测度的理论框架。

第二，在草原生态补奖机制的推进过程中，草原资源被限制开发利用，这使原本就严重依赖草原资源、生计策略较为单一、生活水平不高的牧户，由于受到其特有语言、宗教信仰、民族文化、情感交流、民族心理等社会生活行为习惯的影响，不得不面临较大改变。因此，需要考察牧户在现行的草原生态补奖机制下所开展的各项功能性活动（罗良国等，2015）。

第三，基于草原生态补奖机制下牧户福利测度的理论框架，展开两方面的研究。一方面，结合内蒙古牧区牧户的实际情况，试图确定草原生态补奖机制下影响牧户多维福利的功能性活动，以及在实施草原生态补奖前后补奖牧户福利绝对水平的变化；另一方面，在对实施草原生态补奖前后牧户整体福利绝对水平变化研究的基础上，对补奖前后牧户福利的相对差异及其影响因素进行分析。

第四，基于牧户在草原生态补奖过程中处于相对弱势地位，草原生态补奖机制可以通过对贫困弱势群体的关注、利益的调整实现社会公平。因此，健全草原生态补奖机制，尊重弱势群体的发展权利，保障其能力和功能的实现，不仅可以提升牧户参与补奖机制的积极性，而且更是促进草原生态保护、提升牧户社会地位、减少社会不公的有效途径。从这个角度而言，草原生态补奖机制能够成为提升牧户福利、减少贫困乃至缩小牧户间贫富差距的重要机制。因此，本研究对福利水平最低的牧户群体进行定位，只有采取一定的措施改善这类牧户群体的福利状况，才是生态补偿机制的关键所在（B. Yu，2017）。同时，在补偿资源既定的约束条件下，探寻实施草原生态补奖后实现福利改进机制、缩小牧户间福利差距的方向，并提出相应的政策体系和相关制度，以促进在草原生态补奖机制长期决策中社会总福利最大化目标的实现。

1.2.2 研究意义

为遏制内蒙古牧区草原生态环境的继续恶化，国家实施了包括草原生态保护补助奖励机制在内的一系列草原生态治理工程，以期促进牧区的生产、生活、生态三者间的耦合协调发展，恢复和保护草原生态环境，对于巩固草原绿色生态安全屏障、维护边疆牧区安定团结、促进少数民族地区经济社会进步、实现乡村牧区振兴，具有重要的现实意义。本研究是在草原生态补奖机制下，基于阿马蒂亚·森的可行能力理论框架，围绕草原生态补奖前后牧户福利水平的变化、福利差异测度及其影响因素等问题，结合内蒙古东、中、西部牧区牧户在补奖机制实施前后功能性活动改变的实际情况，定性研究了牧户福利测度理论模型及其评价指标，定量分析了草原生态补奖机制实施前后牧户福利状况的绝对总水平、牧户福利的相对差异及其影响因素等问题。

在研究过程中，本研究关注在草原生态补奖机制下牧户的能力与功能的变化，正视牧户间的福利差距，对福利水平最低的牧户群体进行定位，通过采取一定的措施，确保这类牧户群体福利水平的提高，在补偿资源既定的约束条件下，探寻在实施草原生态补奖后缩小牧户间福利差距、实现牧户福利改进机制的方向，通过调整包括政府在内相关者利益关系的制度安排，在实现草原生态补奖长期决策中社会总福利最大化目标的同时，为促进内蒙古牧区草原生态补奖机制的顺利实施、牧户生活与福利水平的提升以及畜牧业稳步发展三者协同推进，提供相应的理论依据与实践经验。

1.2.2.1 理论意义

（1）为分析牧区牧户家庭的福利问题拓展新的研究视野

牧户以“家庭”或“户”为单位向嘎查集体承包草场，在某种意义上其所承包的草场就是牧户从嘎查集体中无偿得到的一种福利资源。本研究将牧户不计任何成本得到的这种福利产品与牧户的家庭福利研究相结合，这本身就拓展了一个全新的研究视角。现行的草原生态补奖机制，已然对牧户的家庭福利产生了较为明显的影响。然而，现有的学术研究成果却较少从牧户这一微观主体出发，运用福利经济学、农村经济学、自然资源环境经济学、社会学等多学科理论知识，综合分析实施草原生态补奖机制前后全部样本牧户福利总水平的变化、福利差异和影响因素以及牧户的福利改进等一系列问题，这就给本书留下了研究空间。此外，本书在研究过程中所选取的研究理论与研究方法，可以为分析其他生态补偿机制下当地居民的福利问题提供一定的理论参考和研究依据。

（2）为完善牧区草原生态补奖机制的研究内容做出一定的贡献

虽然国内对草原生态补奖机制的研究已形成一些较成熟的研究成果，但鲜有将草原生态补奖机制与家庭福利二者结合起来进行定性与定量研究，忽视了草原生态补奖机制对牧户福利的绝对水平、牧户内部福利差异等方面带来的诸多影响。然而，牧户的生活质量、福利状况恰恰是当前中国牧区经济政策分析中最为基础、最为重要，也是最为突出的课题。因此，草原生态补奖机制下牧户家庭的福利差异问题还需要我们深入了解和研究，这对于丰富和完善牧区草原生态补奖机制的研究内容意义重大。

(3) 为实现牧区各利益主体福利的最大化进行有益的尝试

理性人假设的存在，决定了人类在对生产生活行为进行决策时势必要追求自身福利的最大化。行为主体由于目标和利益诉求不同，会表现出个体福利与社会福利的不一致。如何实现草原生态补奖过程中各相关主体的福利最大化，并达到一种帕累托最优状态，就需要对相关主体利益分配机制，即福利补偿与改进制度进行深入研究。理论界关于福利补偿方法的研究虽然较多，但是对草原生态补奖机制下牧户福利的补偿与改进制度的研究较鲜见。本研究正是基于已有的福利研究文献，运用福利经济学、农村经济学等学科中关于福利补偿与改进的方法，尝试在草原生态补奖机制推进过程中进行研究，试图在政策制度的健全方面有所突破。

1.2.2.2 现实意义

(1) 有助于完善草原生态补奖机制、维护社会公平正义

在草原生态补奖机制实施过程中，补奖牧户的福利问题不是单纯的经济问题，而是更为重要的社会问题。实现对草原生态环境的保护，对于世代以传统畜牧业为生的牧户，特别是对于那些被禁牧的牧户而言，草场使用受限将给牧户的福利带来不同程度的影响，部分牧户有可能因此面临更多的风险冲击。虽然草原生态补奖机制能够对此给予相应的补偿，但是如果补偿不到位、不充分考虑差异性、配套的福利制度不健全，则结果必然会拉大牧户间的福利差距，引发牧户对社会和政府的不满，挫伤牧户参与草原生态补奖机制的积极性。由此可见，关于实施补奖后牧户福利问题的研究，对于顺利推进草原生态补奖机制、促进社会的公平正义将发挥积极作用。

(2) 有利于缓解牧区贫困、推动牧户福利的改进

本研究依据可行能力理论，综合前人关于家庭福利测度的研究成果，根据内蒙古牧区的实地调查数据，基于草原补奖机制下牧户福利测度的理论框架，全面、系统地建立内蒙古牧区牧户家庭福利评价指标体系，从微观视角

考察草原生态补奖机制下内蒙古牧区牧户的家庭福利状况，并对牧户福利的差异及其影响因素进行深入研究，给出改进牧户福利、缩小牧户福利差距的对策和建议，以全面了解内蒙古牧区牧户在草原生态补奖机制实施过程中的经济行为，缓解牧区的贫困状况，促进牧区人民福祉的增长，乃至推动牧区经济社会的全面协调发展。

1.3 国内外研究进展

1.3.1 生态补偿的研究进展

关于生态补偿概念的界定。微观经济学的研究意义在于如何有效化解有限的资源与无限的人类需求间的矛盾（严立冬，2018）。伴随着经济的飞速发展，生态环境的制约作用逐渐显现，资源环境与工业生产间的矛盾日益严重。为了克服这一矛盾，越来越多的国家和学者开始聚焦生态系统服务价值补偿问题研究。20 世纪 60 年代，生态系统服务的概念初步形成。而后，Holdren（1974）和 Ehrlich（1982）将生态系统的“环境服务功能”拓展为“全球环境的公共服务功能”。随之演化出“自然服务”（Westman，1977），最后确定为“生态系统服务”（Ehrlich，1982）。时至今日，生态系统服务价值补偿的概念在国际社会仍然没有被统一界定，通用的概念是“生态或环境服务付费（Payment for Ecological/Environmental Services，PES）”，即一种基于市场经济的环境管理方法，因相关方享有并使用了生态环境所提供的生态服务产品而需支付相应的费用（康晓虹等，2018）。

关于生态补偿机制的设计。理论界注重生态补偿机制的设计（杜琼，2017；高榕等，2018；戴悦，2018），尤其是生态资源配置的产权安排及其内部结构（Corbera，2009；Schomers S.，2013）。Hardin（1968）认为，如果在公共性的土地上过度放牧，就会导致悲剧性的后果（盖志毅，2006）。而明确的产权制度是治理“公地悲剧”问题的前提，通过一定的衡量标准可以管理公共资源以及约束相关人的行为，该理论后来得到了科斯的认可。在无法对生态环境恢复和对保护行为实现充分监管时，生态环境状态很难被有效界定，因而赋予环境保护者以自然生态资源的收益权、使用权与转让权等权利，这显然要比公共产权更具有优势（李潇，2014）。明晰的产权有利于自然资源的合理分配，而生态补偿本质上就是通过对生态资源使用权的重新配置，为那些产权所有者带来直接经济收益（刘燕，2008）。但是，也有一些学者持不同意见，他们基于东南亚的印尼、菲律宾等国的高山地区贫困住户生态环保奖励方案，以及拉美的哥伦比亚、尼加拉瓜等国的区域林草牧复合生态系统管理机制，认为在生态保护实践中不仅可以忽略交易成本的影响，也鲜少考虑产权分配的结构问题（Schomers S.，2013）。这种现象既无法用庇古外部性理论加以解释，又与科斯理论的观点相悖。上述几国的案例表明，在生态补偿与当地居民生计改善的实践中，存在着包括物质鼓励形式等在内的多元化激励方式，因此生态补偿可被看作“广义视阈下区域性局部制度变迁”。这种观点认为，生态补偿是“借助经济手段，转变生态环境管理者角色与职能，以改善生态系统管理行为、提高管理效率的一种新制度设计”（Corbera E.，2009）。

关于生态补偿主体与客体的研究。针对生态补偿主体的研究，较为常见的是从决策层或付费方两个角度展开。决策层的相关研究侧重于生态补偿时实施主体的确定，它决定了生态补偿的对象、补偿标准、补偿范围等内容；付费方的相关研究则侧重于回答生态补偿的费用由谁来支付的问题。在生态补偿项目的实施阶段，决策层与支付方常常合二为一，涉及政府、企业或非政府组织。但也有例外，就是在政府决策下由真正享用生态系统服务的一方进行付费的情况，决策层的意志将主导付费方的行为，此时的决策层与支付方并不统一，在这种情况下补偿主体仅限于决策层（Adhikari et al.，2013）。生态补偿的客体一般是指生态补偿的对象，回答生态补偿到底应该支付给什么样的生态系统服务提供者的问题，通过对补偿对象进行合理、有效的补偿，力求实现补偿资源既定情况下补偿效果的最大化（饶清华等，2018）。学术界较为常见的研究成果，是从经济学理论中的成本收益分析方法出发，试图对补偿对象进行准确定位（Powell et al.，2000；Slavikova，2013）。

关于生态补偿标准的研究。理论界在研究生态补偿标准时，运用机会成本法、生态系统价值估算法、谈判协商法等较为多见。机会成本法主要应用于生态补偿标准区间范围划定的问题研究中。一般情况下，生态补偿机制的实施，使生态系统服务的供给者不得不改变原有的行为，其所承担的机会成本就作为生态补偿的下限，否则，供给者将不会作出改变（胡海川，2018）；而将生态系统服务的享用者从生态系统服务中所得到的价值划定为补偿标准的上限，否则享用者将放弃付费。唯有这样，才能实现生态补偿过程中生态系统服务的供给者与享用者双方的激励相容（Engel et al.，2008）。生态系统价值估算法是基于生态环境的治理成本或生态系统服务的估算价值来确定生态补偿标准的计算方法，而谈判协商法则是由利益各相关方谈判协商制定出具体补偿标准的补偿方法（Hynes，2018）。应用较广的是在生态系统价值估算法的基础上，结合谈判协商法最终划定生态补偿的标准。

关于生态补偿意愿的研究。生态补偿的意愿，关系到生态补偿机制实施效果的好坏，包括两个方面：一方面是站在补偿主体的角度，用以反映生态补偿成本的支付意愿；另一方面是站在补偿客体的角度，用以反映生态补偿效益的受偿意愿（宋向阳，2018）。由于通过生态补偿的意愿评价，不仅能够全面了解受偿者对于政策的认知与态度，及时处理政策执行过程中出现的问题，而且有助于实现差别化的生态补偿政策（张继平，2015）。Komba（2016）等学者认为，利益因素才是影响当地居民的生态补偿参与意愿的最根本因素，这在本质上体现了微观主体的理性经济人特质。Ojambo（2012）则认为影响当地居民参与生态补偿机制的关键性因素就在于参与生态补偿机会成本的大小。此外，当地居民对生态补偿政策的认知程度、生态补偿资金分配的公平性与合理性评价、当地居民对土地的依赖程度等因素，都可能影响当地居民参与生态补偿的意愿（Brown et al.，2014；Shanmugam et al.，2012）。

关于生态补偿方式的研究。补偿方式在生态补偿运行过程中最为重要，关系到生态系统服务提供者的意愿是否得到满足，进而影响生态补偿项目的顺利推进（赵雪雁，2012）。根据生态补偿政策目标的不同，所采用的生态补偿方式也各有不同，可以从资金、技术、物资、土地以及政策等方面进行补偿。其中，资金补偿方式最为普遍，也最为直接（乔晓楠等，2017）。Wunder 等（2008）相信补偿主体的动机是决定具体要采取何种补偿方式的关键所在。

关于生态补偿机制中项目实施方式的研究。在生态补偿实施过程中，合同这种方式存在于大部分生态补偿项目之中（Schomers S.，2013）。生态环境建设者与保护者通过签订合同参与补偿项目的方式起到了示范引领的作用，促使那些未参与项目者因为看到生态工程所带来的潜在补偿收益而改变原有的生计策略。哥斯达黎加的实践表明，生态环境的受益者加大牧草提前购买的合同力度，将有效提高土地利用者特别是贫困牧民保护生态环境、转变生计策略的积极性。

关于生态补奖机制评价的研究。许多学者关注生态补偿的生态效应分析以及生态补偿效果的评价（Villarroya et al.，2014；Koh，2014；秦小丽等，2018），注重流域、森林、湿地等生态补偿标准的测算（谢花林等，2017；王新年等，2017；耿翔燕等，2018）以及生态补偿过程中如何实现社会效益的提升等研究（Pagiola et al.，2005；Katharine et al.，2014）。

总体而言，学术界的研究热点主要集中于对生态补偿机制的设计、生态补偿主体与客体、生态补偿标准、生态补偿意愿、生态补偿方式、生态补偿机制中项目实施方式以及补偿效果评价等方面的探讨。

1.3.2 农牧户福利的研究进展

随着收入差距的拉大，以农牧户为代表的弱势群体在科研领域被逐步重视，国内外学者关于农牧户及其福利问题的研究日渐增多。国外的相关研究主要集中于研究收入、生计多样性、农牧业政策等对农牧户福利的影响。Sultana（2015）认为，虽然收入的多样化是提高发展中国家农户家庭福利的一种有效方式，但在孟加拉国，这一问题却没有得到足够的重视。Sultana（2015）以孟加拉国拉杰希地区的农户作为研究对象，采用多样化辛普森指数（SID），借助二元回归模型实证分析了农户的收入多样化对家庭福利的影响。研究结果表明，当地农户收入的多元化程度非常低，对家庭的福利水平起到了显著的负面影响。他建议，应该想方设法增加能吸引人们参与的创收活动或项目，以拓宽他们的收入来源，同时降低农村私营企业的利润，改善农村基础设施建设，以提高农户的家庭福利水平。Chin B.（2010）利用Malawi（马拉维）国家MDICP与MLSFH项目2004—2008年的面板数据，解析了该国农户的收入对其健康状态与主观福利的影响，发现农户收入每增长10个百分点，就能拉动马拉维农户健康状况和主观福利平均值上升1.2个百分点。Abimbola（2013）研究了以农村贫困家庭为主体的尼日利亚翁多州的生计多样性对农户收入和家庭福利起到的作用。他通过当地143个农户的样本，采用多阶段抽样方法，运用Logistic回归模型对数据进行实证分析后发现，近3/4的受访者采用了农业和非农业生计策略相结合的方式，被调查者的家庭规模、家庭总收入和家庭户主的教育背景是影响农户生计战略选择的主要因素。此外，他认为相比农户取得的农业收入，非农收入对家庭福利的影响更为显著。该研究建议，未来应将发展非农就业作为提高农民收入、维护社会公平以及促进农村经济增长的重要战略。Jones（2012）以家庭收入为基础构建起指标体系，用以考察和比较美国农场主家庭与普通家庭的福利状况差异。Gautam等（2016）认为，生计多样化能有效应对经济和环境带来的冲击，也是减轻贫困、提高农户福利水平的重要工具。该研究中评估了在尼泊尔西部偏远山区农户家庭生计多样性的重要性，通过构建一个包含4个维度及15个指标的家庭幸福综合指数，测量家庭生计多样化对福利的影响。研究结果表明，生计多样化的程度不同，给农户收入和家庭福利带来的影响各异，着重指出生计的单一性很可能使贫困家庭无法在未来获得新的经济机会。

中国作为世界上农村牧区人口最多的发展中国家，如何提高农牧户福利的相关研究在理论界方兴未艾。引起农牧户福利变动的原因多种多样，宏观层面的经济政策、产业结构调整都可能引发农牧户福利发生变化，微观层面主要涉及由农牧户收入、公共设施服务、社会保障体系、补贴政策等方面所带给农牧户福利的改变。国内目前在宏观层面上，主要是从国际贸易、产业转移、政府治理等方面对农户福利的影响及其可持续发展问题进行研究。有研究表明，贸易的自由化将使农民的收入有所提高，进而增加农户的总体福利水平（Huang Jikun，2007）。王军英（2014）关注后 WTO 时期贸易全面开放背景下中国农民的福利变迁和分配格局问题，从收入效应、消费价格效应以及净福利效应三个方面阐述贸易开放对农民福利影响的路径及其程度。还有一些学者则关注我国的产业转移所带来的区域福利效应研究（龚雪，2009；孙浩进，2013）。王兰秀（2011）系统研究政府治理的基本理论，探索如何有效行使政府职权，以实现农民福利可持续发展目标，对于促进公民福利发展，特别是促进经济文化相对落后农村地区农民福利的发展意义重大。而在微观层面上，主要是从土地使用权改变、农牧户收入、当地畜牧业与种植业关系、农村公共物品供给、农业保险补贴等带给农牧户福利的变化方面进行研究。傅蔚冈（2008）深刻剖析了土地征收过程中农户福利的变动情况，认为只有按照市场机制对被征收土地农户进行补偿，才能兼顾征地补偿过程中的公平性与公正性，彻底解决被征地农户的生活保障问题而非单纯依靠当前的社保制度。刘妍等（2018）运用社会生态学领域的相关理论与方法，通过建立“压力—状态—响应”指标评价体系，研究 2007—2016 年乌审旗农牧民的福利状况，主要受到农牧户收入、当地畜牧业与种植业关系的影响较为显著。韩央迪（2014）认为农村公共产品能否实现有效供给，不仅影响农户的生产与消费决策，也会最终改变农户的福利水平。还有部分学者从农业保险补贴政策视角研究农户的福利问题，他们大多应用福利经济学的理论探讨农业保险的需求不足及其外部性问题（陈璐，2004），分析的焦点主要集中在农业保险是否会产生正的外部性，促进农户收入的稳步提高，进而实现农户福利、社会福利的增长方面（王根芳，2012；孙香玉，2009；潘景璐，2010）。

学术界关于农牧户福利的相关研究，可以概括为以下几方面：从研究对象而言，主要集中在特定地区内、特定政策下以农牧户为研究主体展开研究。从研究内容来看，主要是从宏观和微观层面出发，分析某个政策、某种经济行为带给特定区域内农牧户福利的改变及其影响。从农牧户福利的测度方法来看，部分学者通过对农户的财产和各项收入的统计，近似地估出农户经济福利数值，这类似于用国民收入人均值来反映该国国民经济福利状况的计算方法。但更为常见的测度方法是，通过构建农牧户福利评价指标体系，运用实证分析方法来综合测评农牧户的福利状况。大体上，现阶段针对我国草原牧区牧户群体的福利问题，在学术领域开展的相关研究还相对较少。

1.3.3 生态补偿影响农牧户福利的研究进展

基于生态系统所提供的气候环境调节、生态产品供给、文化传承等服务，人类对各种功能性活动的自由选择、任意组合和随时享用的能力构成了人类福利。换言之，人类在自然生态系统作为基本保障的前提下，为实现身体与精神健康、感受多种体验、获得归属感与尊重感、达成自我价值、追求美好生活以及维系社会关系等所能选择的自由及能力，即被视为人类福利（Vera et al.，2016）。选择权的最大化与自由发展空间的获取，既是人类福利改善的终极目标，也是人类发展、能力提升的最终追求。然而，生态环境恶化给人类能力的发展带来了负面影响，不仅降低了居民福利，甚至令人类因此陷入贫困。归根结底，福利是自然资源基础上的人类能力，而贫困就是对福利的强行剥夺和限制，消除贫困便是对人类福利的提高（赵士洞等，2004）。因此，扭曲了经济发展、生态环境治理与居民福利的关系，就会给社会带来巨大挑战，唯有协调三者间的矛盾才是实现可持续发展战略的关键所在（肖长江等，2015）。

现实中，制约生态脆弱地区居民福利提升的重要因素之一，便是当地的自然资源和生态环境。这既是本地区经济增长的发展基础，也造成了理性经济行为的客观约束。自然资源的浪费、生态环境的破坏不仅影响了当地经济的发展，更限制了人类能力的提高，致使人类的福利降低，人类有可能因此致贫（Jose et al.，2017）。许多国家在对生态补偿机制进行评价时，就是通过考察其带给当地居民的反贫困、福利状况的影响而实现的（Milder et al.，2010；王晓毅等，2015）。这是因为生态补偿能在保护生态环境的一方与利用、破坏生态环境的另一方之间建立起一种利益平衡机制，通过行之有效的生态补偿机制使双方关系得以协调。更为重要的是，针对生态保护中发生的福利损失，以及经济发展中所损耗的生态资源，设计符合当地实际情况的补偿机制进行合理补偿，不但能促进和激励生态保护、保持生物多样性，而且能更好地实现生态环境的治理以及生态系统平衡的维系，进而降低贫困程度、提高人类福利（杜洪燕，2016）。可以说，生态补偿制度不仅能够维持经济利益与生态利益之间的平衡，而且是一项能实现贫困减缓与环境保护共赢的利益协调机制（黄锡生，2017）。因此，生态补偿既是生态保护过程中不可或缺的激励机制，更是减少贫困、增加福利的重要举措，有助于促进贫困地区的绿色可持续发展（耿翔燕，2017）。

国外在近些年已经涌现出一大批学者，致力于生态补偿对当地农牧户福利影响的相关研究及实践。在研究内容上主要表现为以下几个方面：一是从生态学的角度出发，探讨在环境保护意识与社会责任不断提升的当今社会，面对空气、水资源、土壤等生态环境的日益恶化，如何通过采取一系列措施，以实现人类福利可持续发展的相关命题（Hrvoje et al.，2016；Ahmetovic et al.，2014）。这些学者大多达成了一个共识，就是只有保护生态系统才是支持和维系人类福利的唯一有效途径。他们认为将生态学、经济学与社会学等学科紧密联系起来，将更有助于实现生态环境保护与人类社会发展的齐头并进（Brendan et al.，2011）。Pagiola（2005）较早地阐述了生态补偿效率与人类福利间的关系，他认为生态补偿效率离不开生态环境的改善，而生态环境的改善又与社会总体福利、参与者个人的福利状况密不可分。从这个角度而言，生态补偿效率分析最终的落脚点，就在于社会总体福利与参与者个人福利的博弈与均衡研究。因此，有效率的生态补偿其实就是能够实现多方共赢的生态补偿，是在实现保护生态环境的同时又能改善参与者个人的福利状况，并能促进全社会福利水平得以提升的补偿机制。二是立足于社会经济学层面，关注高等教育、人力资本增加、收入增加等因素对消除人类不平等性、缩小贫富差距以及提升福利等方面的影响分析（Robert，2016）。三是还有许多学者聚焦在发展中国家特定地区内中小型生态补偿项目的实践、政府补偿计划的实施等相关领域，从 PES 的现有规模、发展趋势与未来前景对当地低收入土地管理者的减贫潜力、福利的影响等方面展开研究（见表 1-3）。

表 1-3 国外生态服务价值补偿影响当地居民贫困与福利的主要研究成果

研究领域	研究领域细分	主张见解	文献来源
A. 增加市场规模	A1. 关于全球范围内的碳排放	在全球范围内健全碳排放法律框架，包括土地利用、草场利用等内容	Streck et al.，2009
	A2. 关于生态认证的推进	小农牧户参与的市场机制及其方法的研究	Molnar et al.，2004
B. 当地居民参与项目的可能性与便利性	B1. “最佳实践”扶贫方案设计	开发穷人可参与的 PES 项目研究	Milder et al.，2010
	B2. 财产权	明晰农牧区个人和社区的土地产权研究	Schomers et al.，2013
	B3. PES 项目的扩展	将生态服务管理和 PES 项目经验引入农牧业推广项目的培训中	Lansing，2017
	B4. 地方相关机构建设	支持现有的地方政府、非政府组织和农牧民团体，组织管理生态服务的生产与交易	
	B5. 中介机构	组建并支持 PES 项目中介机构的发展，如中介经纪人、批发商和保险公司等，专门为生产生态服务的小农牧户提供中介服务	Bracer et al.，2016
	B6. 标准	将社会和环境可持续发展的最低标准融入 PES 项目，并建立 PES 项目更为严格的自愿性标准	Kollmuss et al.，2013
C. PES 项目对当地居民减贫的影响	C1. 财产权	见 B3	
	C2. 发展地方扶贫中介组织	见 B5	
	C3. PES 项目对减贫产生的影响	实证结果表明生态补偿机制是一种行之有效的减缓贫困机制	Erwin，2008

资料来源：笔者归纳整理。

国内关于生态补偿机制对当地农牧户福利影响的相关研究才刚刚兴起，但生态补偿对当地居民贫困问题的研究成果却相对较多。靳乐山等（2018）通过对贵州 3 个贫困县调研数据的回归分析，评价了贫困地区生态补偿项目对不同收入人群的扶贫效果。周维佳等（2018）在对生态脆弱性贫困地区调研之后，探寻如何实现生态保护与脱贫攻坚协同推进的可能路径。冷志明等（2018）基于人地关系地域系统分析视角，剖析生态贫困的形成机理及其成因，进而指出生态扶贫的可行性策略。此外，许多学者还关注生态补偿过程中对于某一特定地区减贫效果的评价（尚海洋等，2018；黄征学等，2016；李亮等，2017）。虽然也有部分学者聚焦于生态保护过程中，如何促进当地居民福利的提升以及新政策、新项目的实施对相关群体福利的不同影响（王晓毅等，2016；张安录等，2013），认为生态补偿并非单纯为了保护生态环境，而是在保护生态的同时也能提高当地居民的福利水平（李惠梅等，2013），但总体上讲，对生态补偿机制影响当地居民福利的相关研究并不多见。

纵观国内外关于生态补偿的相关研究中，关于特定群体发展权的受限、未来可持续发展问题，特别是针对农牧户福利变动问题的研究尚有不足。然而，现实中对生态补偿过程中当地居民福利问题的关注却是刻不容缓的。这是因为福利损失不单指生态脆弱地区居民的收入水平降低，更多的时候被认为是在获取自然资源过程中当地居民的能力受损、功能缺失，以及由于限制过多而无法自由选择并拓展自由平等、公平公正、文明进步等人类能力（张复明，2010；王甲山等，2017）。因此，今后理论界在生态补偿研究中，还应更多关注微观主体参与下自身利益保护与提升等相关问题。牢牢把握住生态补偿与人类福利关系的这条主线，始终将研究重心置于自然系统所提供的生态服务与社会经济系统内居民福利二者的耦合关系上，系统性地分析居民福利对自然资本内化的响应，深入研究生态补偿机制实施背景下农牧户福利的一系列问题（李双成，2011）。也只有了解、重视生态脆弱地区利益相关者在生态补偿时的行为决策响应，明确利益各方在区域资源开发、生态环境保护以及生态补偿过程中的责任，协调各方利益冲突，平衡各方利益关系，构建适宜的生态补偿机制，才能达成生态环境保护、人类福利均衡与经济社会发展的多方共赢（李惠梅等，2013）。

1.3.4 研究进展评述

在理论界，学者们关于生态补偿的研究较为普遍，主要是围绕生态补偿机制本身的设计、生态补偿的主体与客体、生态补偿标准的确定、生态补偿主体的意愿、生态补偿方式以及补偿效果评价等方面，展开较为系统而全面的研究。针对农牧户福利的相关研究，常见的是从研究对象、研究内容和福利测度方法的角度展开。他们聚焦于特定条件或政策背景下，在特定地区针对特定对象的福利问题进行研究，宏观层面从国际贸易、产业转移、政府治理等视角出发，微观层面从土地使用权改变、农户收入、当地畜牧业与种植业关系、农村公共物品供给、农业保险补贴等方面考虑，研究收入的多样性、生计多样性指数、发展机遇、社会保障程度等因素对农牧户福利的影响。这些研究很多是从农牧户的功能性活动出发，构建福利评价指标体系综合评价农牧户的福利水平。国外关于生态机制下农牧户福利的研究成果，大多围绕生态补偿与人类福利的关系、生态补偿的效率以及高等教育、人力资本增加、收入提高等因素对居民福利的影响展开研究，还有部分学者从生态脆弱地区实施的生态补偿项目本身出发，探讨生态补偿机制对当地居民生活、生计、福利的影响与改变。而国内的研究学者关于生态补偿机制对居民贫困影响的关注度相对更高，尤其是生态补偿机制对低收入土地管理者减贫潜力的研究较多。尽管理论界针对生态补偿机制、居民福利已经取得了一些研究成果，但总体来看，对生态补偿后居民福利问题的相关研究并不系统，也不成熟，依然存在较大的研究空间。

因此，本研究试图探究草原生态补奖机制实施前后，由草原生态补奖机制本身以及草原生态系统服务的改变所带给牧户福利的变化与差异，进一步分析影响牧户福利变动及其差异的其他重要影响因素；在草场自然资源合理利用、增加牧户整体福利与缩小牧户间差距的多重目标下，尝试通过优化草原生态补奖机制及其福利配套政策，实现草原生态治理的公平、有效与可持续。

1.4 研究内容与研究方法

1.4.1 研究内容

本研究主要以福利经济学、农村经济学、自然资源环境经济学、社会学的研究理论和分析方法为依据，将牧区的牧户家庭作为研究对象，基于阿马蒂亚·森的可行能力理论，从牧户福利的研究视角出发，探究草原生态补奖机制下牧户家庭总福利绝对水平的变化、牧户的福利差异及其影响因素等一系列问题。具体而言，基于阿马蒂亚·森的可行能力理论，首先，从牧户家庭的功能性活动出发，构建草原生态补奖机制下牧户福利测度的理论模型及其评价指标体系，对草原生态补奖机制实施前后牧户整体福利的绝对水平进行测度；通过模糊综合评价分析，量化研究了实施补奖前后牧户福利的相对差异；其次，通过 OLS 回归与分位数回归模型的对比，实证研究草原生态补奖机制下牧户福利变化的影响因素；最后，基于上述研究结论，提出草原生态补奖机制下改进牧户福利、缩小牧户福利差距的政策体系和相关制度。

1.4.2 研究方法

本书主要采用下列研究方法，具体如下。

(1) 文献研究法。在分析草原生态补奖实施过程中牧户的福利状况之前，梳理总结国内外理论界关于生态补偿机制对当地农牧户福利的影响、福利水平与福利差异测度方法以及福利改进等相关研究成果，不仅为本研究提供了可行的、可操作的方法，也为厘清研究思路奠定了基础。

(2) 调查研究法。本研究选择内蒙古东部地区的呼伦贝尔市、中部地区的锡林郭勒盟和西部地区的鄂尔多斯市等地的实施草原生态补奖机制的牧区作为研究区域，从中选取部分禁牧补助型牧户和草畜平衡补助型牧户作为研究样本。基于可行能力理论设计反映牧户家庭福利状况的调查问卷，通过入户调查、半结构式访谈等方式展开问卷调查研究，从而获取补奖牧户关于草原生态补奖机制实施前后福利状况变化的微观调研数据。

(3) 定性分析与定量分析相结合的方法。在定性分析的过程中，本研究运用多学科理论知识，围绕草原生态补奖机制下牧户家庭的福利差异问题，按其内在逻辑关系逐次展开定量分析。在测度补奖机制实施前后牧户的福利状况时运用模糊综合评价方法，在分析牧户内部福利分配差异时借助洛伦兹曲线和基尼系数，而在分析牧户福利变化的影响因素时则使用了分位数回归模型，这些内容均属于定量分析的范畴。

(4) 规范分析与实证分析相结合的方法。先是运用成本收益分析方法、埃奇沃斯盒状图等分析方法，分析草原生态补奖机制下牧户福利的变化情况，并据此提出研究假设，然后对该研究假设进行论证分析，最后得出相关结论。研究过程可以概括为先按照规范理论加以分析，再对理论分析中提出的假设和结论通过实证分析进行论证，最后提出研究结论。

1.5 研究思路

本研究在草原生态补奖机制下，以福利经济学、农村经济学、自然资源环境经济学、社会学的研究理论和分析方法为依据，选择内蒙古东部地区的呼伦贝尔市、中部地区的锡林郭勒盟和西部地区的鄂尔多斯市作为研究区域，从中选取部分禁牧补助型牧户和草畜平衡型牧户作为研究对象。依据阿马蒂亚·森的可行能力理论，立足调查区域内牧户家庭的实际情况，采用入户调查、座谈走访等方式，结合草原生态补奖机制实施前后内蒙古东部、中部、西部牧区牧户功能性活动的实际情况，在定性研究了牧户福利测度理论模型及其评价指标构成之后，按照研究命题的内在逻辑关系依次展开定量分析：一是借助于模糊综合评价方法定量测度草原生态补奖机制实施前后牧户福利的绝对总水平；二是考察草原生态补奖机制实施前后牧户福利的相对差异；三是利用 OLS 模型与分位数回归模型对补奖机制实施前后牧户福利的影响因素进行量化研究。最后根据前面的实证分析结果，提出在草原生态补奖机制下改进牧户福利、缩小福利差距的政策建议。具体的研究思路如图 1-1 所示。

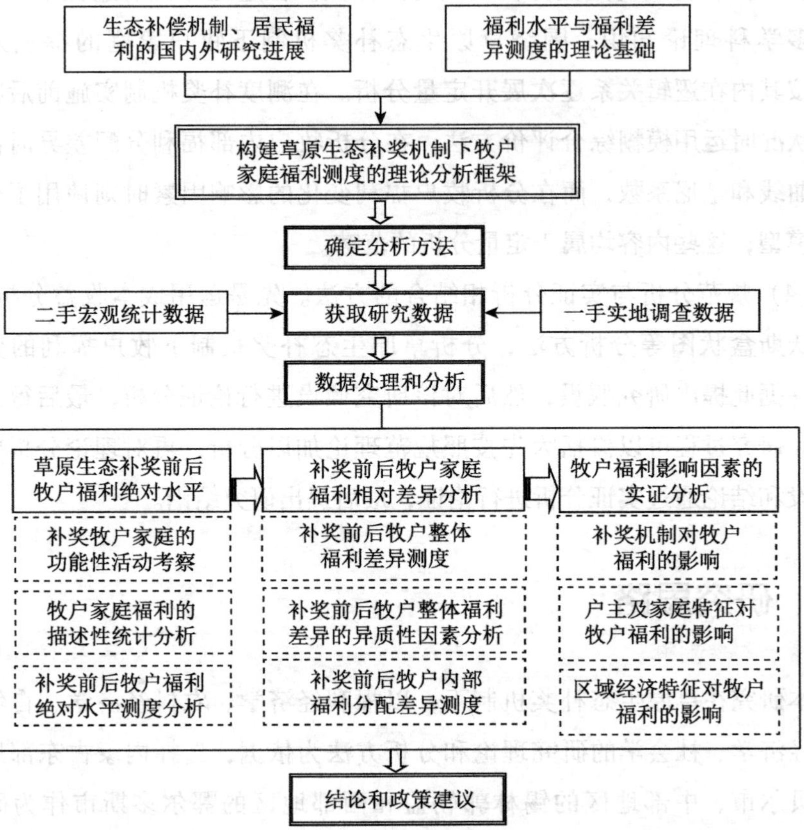

图 1-1　本书的研究思路

1.6　研究的创新之处

本书立足于内蒙古牧区的实际情况，从牧户福利的视角出发，较为深入地研究了草原生态补奖机制实施过程中牧户的家庭福利变化、牧户福利差异及其影响因素等问题，力争实现对已有研究成果向更深层次的推进，可能的创新主要表现为以下三个方面。

（1）本研究根据阿马蒂亚·森的个人可行能力理论，延伸出牧户家庭可行能力理论，以此分析牧户家庭可行能力的内容，结合内蒙古牧区草原生态补奖机制以及牧户的实际情况，构建草原生态补奖机制下牧户家庭福利的构成体系。这与国内部分学者简单地将个人可行能力指标替代家庭可行能力指标的研究方式相比，更贴合牧区以牧户家庭作为决策基本单位的实际情况，也更能科学、准确地衡量草原生态补奖机制下微观主体的福利变化情况。

（2）基于家庭可行能力的理论分析框架，构建草原生态补奖机制下牧户家庭福利水平测度的理论框架，并对草原生态补奖机制实施前后的牧户福利水平进行了测算。森的可行能力理论为福利测度的研究开拓了新的研究视角，但运用该理论剖析草原生态补奖机制对牧户福利影响的文献却不多见。本书根据森的可行能力框架理论，从牧户组织生产与家庭收入、教育培训与发展机遇、社会保障、闲暇交往与环境评价、社会公平以及身体状况与心理感受等6个维度，从牧户经济福利和非经济福利两个方面，构建了草原生态补奖机制下牧户福利测度的理论模型。运用模糊综合评价方法，采用牧户问卷调查数据，测算了草原生态补奖机制实施前后牧户家庭福利的变化情况。这一研究为草原生态补奖机制绩效评价提供了新的尝试，为牧区草原生态治理制度的发展贡献了一点力量。

（3）本研究在牧户福利测算分析的基础上，针对草原生态补奖前后牧户福利绝对水平的变动差异、牧户内部福利的分配差异以及福利差异的影响因素进行量化分析，使草原生态补奖机制带给不同类型微观主体的福利变动情况得以全面体现。这不仅有助于决策层制定牧区公共政策时更具计划性、针对性和全面性，对于实现各个微观权利主体的利益最大化、实现全社会的公平公正也具有极其重要的现实意义。由此，关于草原生态补奖机制下牧户的福利差异问题研究，可能构成本研究在实际操作层面、方法应用层面的创新。

2 理论基础

2.1 福利经济学理论

2.1.1 福利的界定

“福利”一词，由英文单词“well”与“fare”组成。其中，“well”意为“好的；令人满意的；适宜的”，“fare”则指“生活、进展、遭遇”，“welfare”可翻译为“美好的生活；令人满意的生活或进展；适宜的生活”（彭大松，2012）。不同发展水平的国家和地区，人们对福利内涵的理解迥然不同，如以北欧的挪威、瑞典、芬兰等为首的高福利、高税收国家看重的是高品质福利的享受，德国、日本、法国等国家更注重社会福利的保障性等功能的发挥，英国、美国、加拿大等国家则强调福利私有化供给的实现（马广海等，2008）。而在中国，由于经济发展水平有限，多数学者认为，能够确保满足社会底层人群的基本物质生活需求即为福利。

综合不同时期及其代表学派的福利内涵，大致可以梳理出关于福利概念的演变轨迹（见表2-1）。旧福利经济学派的学者单纯地从经济、收入的角度界定福利，认为福利可测量、可计算，福利内容仅涵盖经济因素而未考虑非经济因素。但一个国家或个人的最终目标并非只有收入的增长、财富的累积，这些只能被视为某种手段或部分目标，其局限性显而易见（姚明霞，2005）。由于新福利经济学家坚持福利的序数性质，只能对其进行比较，但无法实现精确度量。直到阿马蒂亚·森的可行能力理论的出现，为福利内涵的界定指出了新的思路与方向，结束了关于福利内涵的基数与序数之争，提出了将经济福利和非经济福利一并纳入福利理论体系的多维福利测度方法，使福利通过功能性活动指标能够被量化，从而推动了福利经济学理论的发展。

表 2-1 不同时期关于福利的主要含义

时 间	福利的含义
20 世纪 20 年代	个体或者集体偏好
20 世纪五六十年代	经济福利
20 世纪 70 年代	基本需求
20 世纪 80 年代	经济福利
20 世纪 90 年代	人类发展/能力建设
21 世纪	全民权利、生存权和自由

资料来源：SUMNER A. Economic Well-being and Non-economic Well-being：A Review of the Meaning and Measurement of Poverty [M]. London：United Nation University Social Institute for Development Economics Research. 2004. 转引自黄晨熹．社会福利 [M]. 上海：格致出版社，上海人民出版社，2009：10.

2.1.2 福利测度的理论

在对福利进行深入研究之前，需要明晰福利测度的主要理论。福利测度理论经历了旧福利经济学和新福利经济学两个阶段。旧福利经济学以“福利经济学之父”庇古（1920）为代表，他认为福利的判断标准应以其所拥有的物质衡量，福利乃个人所能获得的各种满足之和，这就是所谓的基数效用论。因此，在计算个人福利时，可以利用效用指标进行测度。对所有个人效用的加总求和，就是全社会的福利。在他看来，“经济福利”与“国民收入”是基本对等的两个概念，这为后人通过计算国民收入总量衡量该国的福利水平提供了一定的理论依据。能以货币计量的社会福利可以被看作经济福利，一个人的经济福利就是他所获得的所有效用之和（黄有光，1991）。

基数效用论的福利测度方法，在理论界受到以莱昂内尔·罗宾斯（1932）为代表的许多学者的质疑。罗宾斯借用帕累托（V. Pareto）的“最优状态”论指出了每个人的满足感，但认为无法进行比较。而帕累托（1897）利用同期英国著名学者埃奇沃斯使用过的“无差异曲线”（lndifferent Curve）和“契约曲线”（Contract Curve）原理来分析最优状态。埃奇沃斯（1881）的贡献在于，依据边际效用理论，利用几何图形刻画在完全竞争市场中，当两个人各有一种商品时，如何实现各自的最大效用，这就是著名的埃奇沃斯盒状图。这些反对基数效用论的学者认为人际的效用不可比，为避免使用基数效用，可用显示性偏好加以替代，由此衍生出社会福利函数相关理论，开启了新福利经济学的序数效用论时代。为更便利地测度福利，希克斯（1939）通过在消费者剩余中引入不同类型的补偿方式，以测度福利的变动情况。然而上述理论却被阿罗（1951）的不可能定理证明存在逻辑悖论，其悲观性的论断曾一度令整个福利经济学理论的发展停滞。直到阿马蒂亚·森基于前人研究成果，尤其在亚里士多德、斯密和罗尔斯等的思想基础上，在1987年出版的《伦理学与经济学》一书中指出了福利经济学陷入贫困化的原因在于经济学理论与伦理学理论的割裂。森的可行能力理论一经提出，便打破了福利经济学的研究窘境，从此开启了福利经济学理论研究的新阶段，福利经济学又重新焕发出生机。纵观福利测度理论的发展历史，大体上可以把福利的定量分析方法主要归结为消费者剩余理论、生产者剩余理论以及阿马蒂亚·森的可行能力理论。

消费者剩余理论是衡量消费者福利的基本方法之一。马歇尔（1890）在《经济学原理》一书中，提出了边际效用价值理论以及著名的消费者剩余（Consumer Surplus）概念，从微观角度对个人福利进行衡量。消费者剩余被定义为消费者因为消费一定数量的某种商品，所获得的总效用超过其所为此支出货币的总效用，用以表示单一商品价格升降所引起的消费者福利增减的差额。按照消费者剩余理论，经济人的理性使然，可以令其自发而灵活地选择出提升自我福利的相应路径，做到相机决策。所谓生产者剩余，是指生产者的实际所得与生产者的期望所得之间的差值。具体表现在，生产者实际的支付货币数额与其愿意供给产品所能接受的支付数额相比，前者超出后者的部分被认为是生产者剩余。在现实中，如何增进并优化个人福利主要取决于个人行为，经济学家更看重如何在改善个人福利的同时，还能提升社会总福利水平，而不至于随着某些人福利的增进却降低了其他人的福利水平。但由于消费者剩余方法有严格的限制条件，并且在多种商品并存的市场中容易出现路径依赖的问题（Chipman & Moore，1976），因而运用该理论来测算福利仍然存在争议。而生产者剩余考虑更多的是经济因素，运用该方法测度包含非经济要素在内的个人福利似乎也不太合适。

阿马蒂亚·森的可行能力理论不同于传统的福利量化研究理论，他在传统的经济福利量化方式上同时考察非经济要素，考虑对人的关怀，提出福利是功能或者能力的集合，是对福利的测度即对其功能向量的计量。该理论将在下文进行详细阐述，此处不再赘述。

2.1.3 福利比较与福利改进

在很长的时间里，福利经济学家都在试图比较不同状态、不同属性的福利指标，可惜始终没有找到一个完美无缺、普遍认可的判断标准。由于对福利内涵的理解不一致，理论界关于福利改进标准的争议较大。旧福利经济学家指出，人际的福利具有可比性、可测性。由于收入存在边际递减效益，可以向社会最低收入群体进行补偿，这应该成为福利的改进标准，唯有这样才能提高整个社会的福利水平（庇古，1920）。而后，福利经济学中关于价值判断的争论，开启了从旧福利经济学向新福利经济学的转变之路。在这个转变过程中，新福利经济学家否认基数效用理论，倡导序数效用论，他们从序数效用论和帕累托式的交换及生产的最优条件出发，提出了补偿原则问题（厉以宁等，1984）。此后，新福利经济学关于福利改进的标准则主要以帕累托准则（Pareto Criterfon）为主。所谓帕累托准则，是指在让某些人的境况变得更好时，不令其他任何人的情况变糟，从而使全社会的福利状态得以改善，达到帕累托最优状态。

由于在现实生活中基本找不出完全的帕累托最优状态，最早的帕累托准则在应用时遭受了较大的质疑。但后来的许多学者基于帕累托的思想，先后利用严格的条件细化、约束并完善了帕累托准则，如霍推林（1938），Kaldor（1939），Hicks（1939），Scitovsky（1941），Little（1957），Ng（1984）等。

最早正式提出福利补偿原则论的美国经济学家霍推林（1938），相信任何可以提高效率的政策，如果辅之以补偿、征税等手段，就能实现每个人的境况都比以前更好。Kaldor 于 1939 年提出了旨在解决福利改进问题的 Kaldor 准则，他认为只要受害人在得到全部损失补偿的同时，仍能改善其他人的状态，那么这就是一种有益的补偿与改进。同年，Hicks 准则问世，作为"Kaldor 准则"的姊妹准则，其提出者 Hicks（1939）对 Kaldor 的见解表示认同，并对帕累托准则进行了更为严谨、准确的重新阐释，这就是如今广为人知的帕累托标准：从一种分配状态到另一种状态的变化过程中，在增加至少一个人福利的同时，却没有减少其他人的任何福利，则该变化即为美好的、可取的（姚明霞，2000）。随后，Scitovsky（1941）利用埃奇沃斯盒状图证明了 Kaldor-Hicks 准则存在逻辑上的冲突。在 Scitovsky 看来，只有当某种革新同时满足 Kaldor 和 Hicks 两个准则时，这种革新才被看作好的社会改进。Little（1957）基于上述观点，在 Little 准则中加入了新的约束条件，提出应将分配的效益问题补充进福利改进的标准中。只有当某种社会改进对再分配有益，并且在 Kaldor-Hicks 准则、Scitovsky 准则中满足其一，这种改进才是有效且好的；反之，这种改进则是无效且差的。Ng（1984）在对调查对象按照收入水平进行分层后，基于某种社会变革的大背景下，考察每组中变革受益者带给受害者的影响。研究结论显示，当这种社会变革让同组中的受害者从该组中的受益者处完全得到补偿且境况有所改进时，这项变革才是有益的社会改进。Ng 认为，在进行分配时应更多考虑效率问题，而分配的公平问题应该在政府的转移支付中加以解决。很显然，关于在福利改进中如何解决效率与公平问题，Ng 并未给出一个令人满意的答案。

纵观福利经济学的发展历史，无论是旧福利经济学派抑或是新福利经济学派，都在尝试着对不同的福利状态进行比较分析。但遗憾的是，时至今日仍未找到一个完美无缺、无可挑剔的判断标准。旧福利经济学在测度福利时仅研究了基数效应，而新福利经济学却只考虑序数效用，无论哪种标准，都无法将所有的社会状态涵盖进去，无法将一种标准应用于所有的社会改进实践中。此外，在新福利理论关于福利改进标准的论述中，无论是单因素检验还是多重检验，无论是排除收入分配问题的假想补偿还是标榜包含收入再分配在内的实际补偿，都不想通过补偿使资本主义社会中的收入分配失调状态真正有所改善，更不想借此论证收入分配均等化的必要性。新福利经济学家们更强调效率的改进，而忽视对分配公平问题的解决，也限制了对这些福利改进标准的应用。不过，阿马蒂亚·森（1987）在其可行能力分析理论框架中，提出基于个人可行性功能活动和机会的多维福利标准，借助“功能”以测度居民的多维福利水平，并对居民在谋求福利时的主动性作用、主体性地位给予特别关注，对福利水平的衡量与比较给出了较为全面、可行的研究路线，使传统福利理论的缺陷得以很好的弥补，因而被广泛应用于特定政策背景下特定群体内的福利测度与比较，及其福利改进政策制定的理论探讨与实践研究中。

2.1.4 可行能力理论

可行能力理论是由诺贝尔经济学奖得主阿马蒂亚·森于20世纪70年代提出的，因而其在理论界被公认为是可行能力理论的代表人物。那么，何谓“可行能力”呢？森在《什么公平？福利、商品还是能力》一文中，对所谓的“功能”与“能力”概念进行了全面、详细的解读。在森看来，评价政府执政能力的高低，关键取决于公民的具体能力。国家赋予公民最为重要的权利之一——选举权，就是建立在其所具有的“功能”基础上。所谓功能，涵盖内容广泛，包括教育的可获取性、投票的便利性、身体的健康状态、生活的周围环境、公民的社保程度等方面。只有扫除限制这些功能发展的所有障碍，才被认为公民具有真实的选择权。可行能力理论的核心概念是功能（functionings）和能力（capabilities），二者所形成的反馈机制如图2-1所示。

森（1987）与其他学者围绕这些核心概念，将可行能力界定为人们可以做什么、可以成为怎样的人、想要获得什么样生活的机会，共同构成美好生活能力的内容。森区分了可行能力与功能的不同之处，将人们实际拥有的能力与有过的经历视为可行能力；功能则是指由于某些要素的变化而带来的改变，如拥有的自尊、身体健康状况、社会活动的参与情况等，上述功能的可行选择集就是可行能力。因此，可行能力的高低是实现功能多少的前提与基础，一个人只有具备必要的可行能力，才可能实现他想要拥有的功能。可行能力理论的核心要点，就在于该理论关注人类能够做什么、应该是什么、能力到底有多大，聚焦可行能力的构建、影响因素及其增进等内容的研究。这种关注能够做什么、做怎样的人以及能力状态的评价方法，成为学术界衡量个体福利、贫困程度、平等性等方面的基本标准。

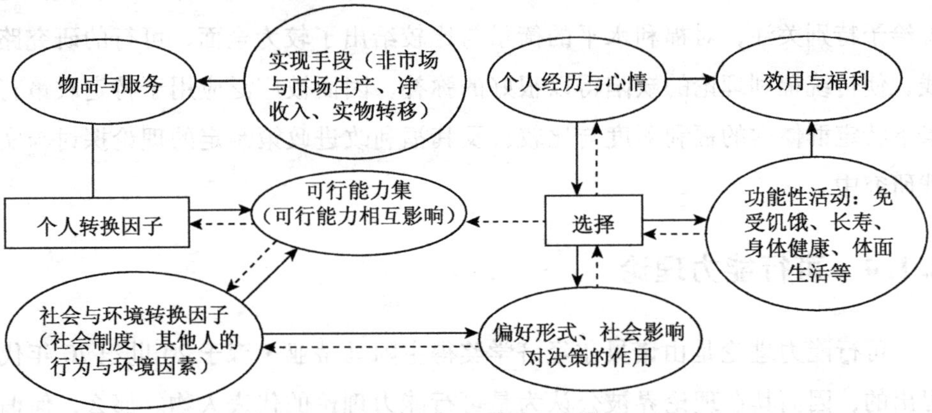

图 2-1　可行能力、功能性活动的实现与反馈机制

森在《以自由看待发展》一书中，用可行能力理论来剖析人类的发展及福利的实现，认为个人可行能力不仅关系到个人的发展及需求，也与人类的终极发展目标密不可分，谋求个人可行能力的最大实现和满足才既是人类发展的终极目标，也是人类自身的终极归宿。森站在人的发展角度，认为可行能力是最基本的平等与自由，是人拥有的能给自己带来预期生活的所有选择的集合，可行能力向量的增长意味着人类自由的向外拓展。因此，人的能力较强时自由度就会更高，此时的可选择集域就会更宽，个人福利必然就会变大。

可行能力理论认为，无论是有形商品的消费还是无形服务的享受，都具备相应的功能，产生出一定的能力。他明确提出用功能、能力与自由等概念评价人们的福利状况，进而考察人类间的不平等，这些概念的集合即福利。

由于能力难以通过直接观察获取，必须基于功能性活动的评估来衡量福利水平的高低。按照森的可行能力理论，福利定量分析的一般思路是，把人的生活按照不同功能划分为几类向量，这些代表不同功能向量的组合便构成了福利。得益于哲学、社会学、心理学等多学科的发展与支撑，赋予可行能力理论丰富的内容，不仅看重物质、精神与社会福利间的内在联系，而且注重围绕经济、政治、自然、社会生活与文化诸多维度间的关系展开研究，使该理论基本覆盖了人类福利的全部维度。可行能力理论自提出以来，在研究领域产生了很大的影响力和关注度，该理论是对传统的功利主义效用理论和客观主义福利理论的巨大挑战，被视为福利理论的新发展，并被广泛运用于经济不平等、福利测度等福利经济学领域的相关研究中。

因此，本研究以个人可行能力理论作为牧户家庭可行能力研究框架的理论依据，运用可行能力这一视角及其分析方法，分析在草原生态补奖机制实施背景下牧户福利的绝对水平、牧户福利相对差异的测度问题，研究牧户福利变化的影响因素等。而个人可行能力理论的建构逻辑，也为本研究在梳理牧户家庭可行能力的分析框架时提供了直接、有力的借鉴。

2.2 外部性理论

2.2.1 外部性的内涵

马歇尔（Alfred Marshall，1890）在《经济学原理》一书中最早阐释了“外部经济”与“内部经济”的内涵，但并未明确界定外部性问题。在马歇尔看来，由企业间的明确分工带来的效率提高可视为外部经济，因而这种有益刺激和积极影响无法体现在生产成本上；他把由企业内部分工产生的效率提升称作内部经济，即在微观经济学中所研究的规模经济，这时随着产量的扩大，企业的长期平均成本随之降低。显然，马歇尔只注重外部收益而忽视了外部成本，在其《经济学原理》一书中只字未提“外部不经济”。直到30年后英国著名经济学家庇古（A. C. Pigou，1920）的《福利经济学》一书问世，才阐释了“内部不经济”与“外部不经济”，他运用边际分析方法补充并完善了外部性概念，由此形成外部性理论。

在理论界有过较多的关于“外部性”的界定，归结起来不外乎以下几大类：第一类是从外部性的产生主体来定义。萨缪尔森（1947）是这样界定外部性的：“当某种生产或消费发生时，给其他人带来了附带成本或收益，外部经济便随之产生。更确切地讲，一个经济人的行为给另一个经济人的福利所带来的影响，即外部经济效果，然而这种效果却并未体现在货币数量上或市场交易中。”外部性又被称为“外部效应”，其本质上体现的是发生在经济行为主体身上的个体经济行为带给其他人或社会的外在影响，具体表现为私人成本与社会成本、私人收益与社会收益的不相等（罗必良，2005）。换言之，外部性是一个经济主体的行为对另一个经济主体的福利所施加的外部影响，而施加这种影响的一方却并未为此付出代价或因此得到补偿。因为这种影响并未体现在市场的交易价格上，所以该影响是外部的。第二类是从外部性的接受主体来定义。美国的阿兰·兰德尔（1974）认为，当某一行为所产生的收益或成本被决策者忽视时而导致的低效率现象，就是外部性；此时，所产生的收益被给予，抑或发生的成本被强加给并未参加该决策的群体。第三类是从不特定的制度结构或环境进行定义。诺贝尔经济学奖获得者英国经济学家米德（J. E. Meade，1992）相信，由于某个事件而给他人带来或好或坏的影响，而受到影响的这一方却并没有参与这件事情初始的决策，于是就产生了外部经济或者不经济。

2.2.2 外部性后果的分析

在市场经济条件下，由于经济的外部性无法通过市场体现出来，市场机制的资源配置功能不能充分发挥作用，资源得不到最优化的配置，导致全社会无法实现帕累托的最优状态。

2.2.2.1 正外部性与资源配置不足

当存在正外部性时，私人边际收益+外部边际收益=社会边际收益，私人边际成本+外部边际成本=社会边际成本。那么某个人采取某项行动的私人边

际收益 V_P小于社会边际收益 V_S，即有 $V_S>V_P$。此时，若他的行为所遭受的私人边际成本 C_P大于私人边际收益 V_P 而小于社会边际收益 V_S时，即有 $V_S>C_P>V_P$，那么在理性经济人假设前提下，他将会选择放弃该行为，即使这个行为是有益于社会的。这时其实并未达到帕累托最优状态，还存在帕累托改进的空间和可能。相反，如果此人选择执行该项行为，则就要遭受（C_P-V_P）的损失，而社会其他人将由此得到（V_S-V_P）的收益。显然，（V_S-V_P）>（C_P-V_P），因而可以从社会其他人所得到的收益中分出一部分，以对行动者的损失进行补偿。后一个方案的结果就是，使社会上一部分人的状况变好的同时却没有让任何人的状况变得更坏，于是实现了帕累托改进。

因此，正外部性意味着生产不足，或者说资源配置不足（袁庆明，2011），低于帕累托最优所要求的水平。可见，当正外部性发生时，私人活动的水平常常表现出的是低于社会所要求的最佳水平。

2.2.2.2 负外部性与资源配置过多

对于具有负外部效应的产品或活动，社会边际成本=私人边际成本+外部边际成本，这意味着某个人在执行某个行为时的私人边际成本 C_P小于社会边际成本 C_S，即有 $C_P<C_S$。此时，若他执行该行为，则所得到的私人边际收益 V_P 将大于其私人边际成本 C_P而小于社会边际成本 C_S，即有 $C_P<V_P<C_S$，所以在理性经济人假设前提下他显然会选择该行动，尽管这个行动对社会不益。这时帕累托最优状态同样没有得到实现，改进的余地依然存在。也就是说，此人放弃该行动时所遭受的损失为（V_P-C_P），但社会上其他人由此而避免的损失却为（C_S-V_P）。由于（V_P-C_P）<（C_S-V_P），如果以某种方式对损失进行重新分配，就可以实现每个人的损失都有所降低，因而这些降低的损失本质上变相体现的是每个人所增加的福利。

负外部性时私人边际成本小于社会边际成本，而私人边际收益大于社会边际收益，此时社会为私人承担了一部分成本，即成本外溢，这也意味着该项产品或活动的供给出现过剩，超过了帕累托效率所要求的水平，导致资源配置过多。由此可见，在存在负外部性的情况下，与社会所要求的最优水平相比，私人活动水平常常表现为高出的状态。

2.3 公平理论

2.3.1 公平、均等理念的阐述

在古代先贤的著作中，有诸多关于公平、正义理念的阐释。“损有余而补不足”出自老子的《道德经》，是对公平思想形象而有力的阐述。老子认为大自然的客观规律就在于损减富余而补添贫乏以最终达到均衡。孔子在《论语·季氏》中曾提及“有国有家者，不患寡而患不均，不患贫而患不安”。用经济学眼光来看，意为社会秩序良好与否并不与国民财富的多少紧密相连，而是与社会分配的公平与否密切相关。在西方，古希腊的梭伦、亚里士多德等学者，也均有关于公平思想的相关表述。由此可见，无论在中国还是国外，关于公平、平等、正义的思想自古有之，相关论著屡见不鲜，相关思想层出不穷。

而在现代，理论界表达过公平、均等理念的更是不乏其人，如庇古、罗尔斯、布坎南等学者。福利经济学以庇古为代表，立足于功利主义视角下社会福利增进的目标，基于边际效用递减规律认为，将货币收入从富人手中转移给穷人能够增加货币的边际效应以提升整个社会的满足程度。基于此结论，庇古相信公平和收入分配有相关性，因此可以通过转移收入来推进社会公平的实现。而另一些学者，如罗尔斯、布坎南等则认为相比结果公平，起点公平更为重要。罗尔斯（1971）在他具有划时代意义的著作《正义论》中，系统、完整地阐释了公平与正义的理论体系，提出了平等的自由、机会均等以及差别的原则，强调了规则的产生及其运行过程中的公平性，这是对原有的功利主义的批判和否定。其中，平等的自由被视为第一正义原则，这是为了确保公民的基本政治自由；权利机会均等原则和差别原则被视作第二正义原则，意在使人民的社会利益、经济利益得以实现（朱成全，2017）。不同于庇古等学者倡导的以收入分配后的结果作为研究对象，布坎南（1988）以收入分配前的规则为切入点，以起点公平的标准为研究内容，探讨如何促进公平。他认为解决公平问题的重点是先于市场过程本身的权利与地位分

配，而非作为结果的社会产品的最终分配。布坎南指出，无论用定性的结果还是外在的客观标准来评判公平，都是有失公允的，唯有从产生结果的起点来衡量才更具公平性，这是因为公平的本质属性就在于规则的公平，只要经济活动的前提是基于事先商定好的、自愿的统一规则，无论怎样的结果都可被视作公平、公正的。直到阿马蒂亚·森的可行能力理论，将公认的社会发展终极目标——公平的理念纳入福利分析体系框架内，才从真正意义上将公平与福利二者相结合；这也正是该理论能在世界范围内受到广泛关注和普遍认可的原因所在。

2.3.2 不平等的测度

美国统计学家 M. O. 洛伦兹于 1905 年描绘出了著名的洛伦兹曲线，最初用以反映居民收入分配的不平等问题，后来也被理论界用于衡量福利的不均等性（见图 2-2）。

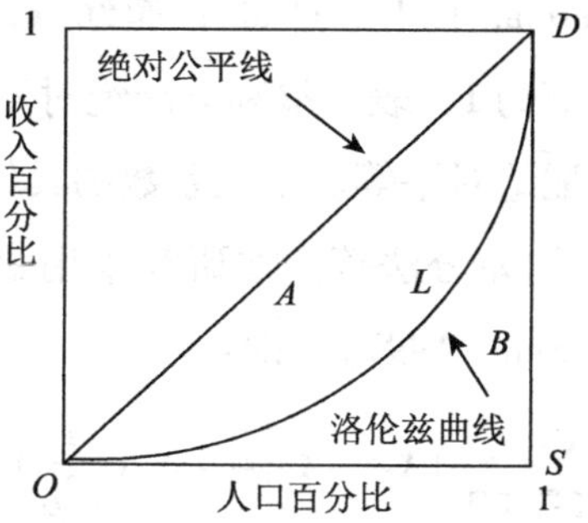

图 2-2 洛伦兹曲线

如图 2-2 中洛伦兹曲线所示，横轴代表所测度的当地居民的累计百分比（按福利功能由低到高排列），纵轴代表该微观主体福利的累计百分比，对角线 *OD* 则代表着当地居民福利水平的绝对平均线，*OLD* 就是表示当地居民福利的洛伦兹曲线。洛伦兹曲线的弯曲程度代表当地居民的内部福利差距。洛伦兹曲线的弯曲程度越深，表示该微观主体的内部福利差距就越大。

洛伦兹曲线只能直观地反映出微观主体福利的内部分配差异，却无法对其进行量化分析，此时就得借助于基尼系数。那么，如何量化测度福利的不平等？意大利学者基尼界定了基尼系数，借此对居民内部收入、福利、资源等分配的差异程度进行定量分析，其值域介于 0 和 1 之间。基尼系数越趋近于 0 时，代表居民财富的内部分配越趋向于均等。

如图 2-2 所示，将洛伦兹曲线 OLD 与 45°线（绝对平均线）之间的面积称为“不平等面积”，记为区域 A。当福利分配达到完全不平等的状态时，洛伦兹曲线就变为折线 OSD，此时折线 OSD 与 45°线之间的面积称为“完全不平等面积”，即为区域 $A+B$。基尼系数就是不平等面积（A）与完全不平等面积（$A+B$）之比，用以衡量一个地区福利分配差异的标准。基尼系数用 G 代表，于是有：

$$G=\frac{A}{A+B} \tag{2-1}$$

显然，基尼系数 G 值介于［0，1］之间，随着基尼系数 G 数值的变大，福利不均等程度升高；相反，随着基尼系数 G 数值的变小，福利分配越平等或差异程度越小（Lerman R. I. , et al. ；龚红娥，2002）。当 $B=0$ 时，基尼系数 G 等于 1，即最大值为 1，表示福利分配绝对不平等；当 $A=0$ 时，基尼系数等于 0，表示收入分配绝对平等。基尼系数的具体计算方法较多，包括曲线回归法、矩阵方法、平均差分法等。本研究采用森在洛伦兹曲线基础上推导的基尼系数计算公式（Sen，1997），即：

$$G=\frac{A}{A+B}=(\frac{1}{2n^2\mu})\sum_{i=1}^{n}\sum_{j=1}^{n}|X_i-X_j|=1-(\frac{1}{n^2\mu})\sum_{i=1}^{n}\sum_{j=1}^{n}\min(X_i, X_j)=$$

$$1+(\frac{1}{n})-(\frac{1}{n^2\mu})[X_1+2X_2+\cdots+nX_n]$$

$$(X_1\geqslant X_2\geqslant\cdots\geqslant X_n) \tag{2-2}$$

其中，X_1，…，X_i，…，X_n 为当地居民样本 i 中按降序排列的微观主体福利水平；μ 为补奖牧户福利的平均值；基尼系数 G 值介于 0 和 1 之间。一般而言，按照国际惯例和评价标准，基尼系数小于 0.2 时为“绝对平均”，介于 0.2~0.3 时为“比较平均”，在 0.3~0.4 时为“相对合理”，介于 0.4~0.5 时为“差距较大”，而达到 0.5 以上时即“差距悬殊”，因而又将 0.5 视为基尼系数的警戒线。

2.4 可持续生计理论

2.4.1 可持续生计的概念

可持续生计概念最先应用于如何实现资源可持续开发的研究领域，而后被联合国环境与发展大会引入政策制定、自然资源可持续利用以及贫困减缓的政策宣传与实践中。英国国际发展署（DFID）于21世纪初提出了新的可持续生计分析框架（SLA框架），已经得到国内外学者的普遍认可。SLA框架是基于贫困性理论及规范化工作而发展起来的一种独立可推广的远期总体规划（Chambers，1991），该框架被广泛应用于解决发展中国家的生态脆弱性及当地居民，特别是弱势群体（妇女、农民、牧民等）的贫困、福利与可持续生计问题。SLA框架指出，市场、法律、制度以及自然状况等不确定性致使农牧户身处脆弱性环境时，考虑该如何合理利用已有资源趋利避害，运用多样化生计策略达成可持续发展的生计结果（康晓虹，2018）。

2.4.2 可持续生计分析框架内容

可持续生计的分析框架是由脆弱性环境、居民当地的生计资本、转化结构与过程、居民生计策略及其生计结果等部分构成。各组成部分按照一定的方式互相作用，箭头仅用以表示某一部分对另一部分带来的主要影响，这些箭头并非表明前后部分的从属关系（见图2-3）。

可持续生计分析框架向我们揭示出，当农牧户面临由自然生态系统本身的脆弱性、外部冲击（如经济冲击、自然灾害、政府行为、社会异常事件、战争等冲击）、趋势（如人口趋势等）及季节性（如价格、产品的周期性变动）等因素所导致的脆弱性环境，该如何使用已拥有的权利、财产及资本等，利用可能且可行的策略及计划，谋求生计持续提高的路径。在可持续生计框架中，核心部分是生计资本五边形，即人力资本、金融资本、社会资本、物质资本、自然资本。在生态脆弱地区，当地居民家庭生计资本配置的低效率与资本转换的局限性长期制约着居民的可持续生计水平的提升。五种生计资本间在一定条件下能相互转化，通过优化合理的组合能有效帮助行为主体应对风险，实现其产出或生计结果的最大化（赵立娟等，2017）。

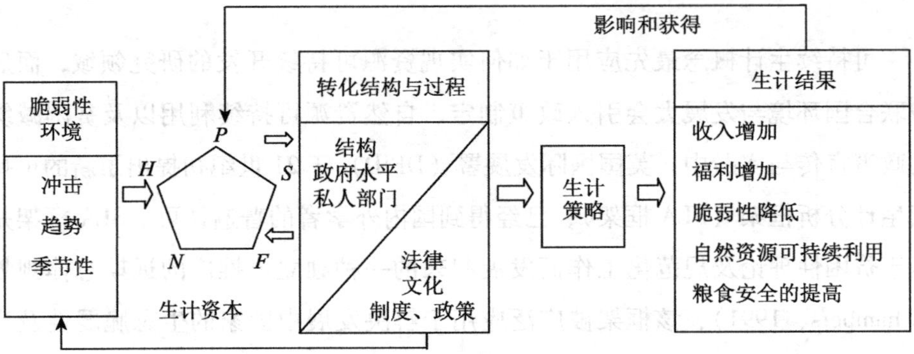

图 2-3　可持续生计分析框架

注：H 表示人力资本；P 表示物质资本；N 表示自然资本；F 表示金融资本；S 表示社会资本。

2.5　本章小结

本章主要针对已有文献和相关理论进行了详细梳理和全面回顾，为后文展开补奖前后牧户福利绝对水平测度、差异评价及其影响因素等内容的研究奠定了理论基础。其中，福利经济学理论是全书的理论基石；外部性理论为第 3 章的补奖牧户福利测度的理论分析框架提供理论支持；可行能力理论为第 3 章草原生态补奖牧户福利测度理论框架的构建，为第 5 章草原生态补奖机制下牧户福利绝对水平的测度提供理论保证；公平理论为第 6 章补奖牧户福利的整体差异、内部分配差异的测度提供理论依据；而可持续生计理论不仅为第 5 章草原生态补奖机制下牧户福利测度时的指标设计做好了理论铺垫，更是被运用在最后一章中关于草原生态补奖机制下实现牧户生计可持续、福利再提升的相应对策建议中。

3 草原生态补奖机制下牧户福利测度的理论分析框架和假设

前两章对生态补偿及其对当地居民福利的相关文献和福利经济学等理论的梳理，构成对研究草原生态补奖机制下牧户的福利测度问题的初步构思。然而，在展开更深入的研究之前，有必要运用经济学理论对牧户福利的变化进行论证，对草原生态补奖机制给牧户福利乃至社会福利带来的影响从理论层面进行解析。而本章的研究重点在于之后的草原生态补奖机制下牧户家庭福利测度理论模型的构建。在这部分内容分析过程中，根据森的可行能力理论和已有的福利测度研究文献，在对家庭的基本功能进行详细的梳理之后，立足于内蒙古牧区牧户家庭基本功能性活动现状，选取牧户组织生产与家庭收入、教育培训与发展机遇、社会保障、闲暇交往与环境评价、社会公平和身体状况与心理感受等6个维度，构建草原生态补奖机制下牧户家庭福利测度的理论框架。

3.1 草原生态补奖机制下牧户福利变化的经济学理论分析和假设

3.1.1 基于成本收益分析法的草原生态补奖机制对牧户福利影响分析

成本收益分析方法，是一种通过项目的成本与收益的比较确定项目价值的经济学分析方法，常被用于政府、企业部门的计划决策中，是旨在以成本最小化换取效益最大化的投资决策方法。私人收益是指某一经济行为带给单个经济活动主体的收益，一般指直接收益。而社会收益是由某个经济主体的经济行为带给全社会的收益，可分为直接收益与间接收益。私人边际收益（Marginal Private Benefit，MPB）是指每增加一个单位的消费，带给某项产品或服务的直接消费者的收益。社会边际收益（Marginal Social Benefit，MSB）是指人们对某种物品或服务的消费量，每增加一个单位所增加的社会总收益，或者所增加的满足程度，但这种满足程度随其数量的增加倾向于减少（马歇尔，1890）。某种经济活动每增加一个单位，带给单个经济活动主体成本的增加可视为这种经济活动的私人边际成本（Marginal Private Cost，MPC）。社会边际成本（Marginal Social Cost，MSC）是指某种经济活动每增加一个单位，带给社会总成本的增加。

根据外部性理论，正外部性产品的私人边际成本小于社会边际成本，且私人边际收益小于社会边际收益，对于那些具有正外部效应的产品或活动，人们更乐意享用而拒绝提供，最终结果就是使具有正外部性的产品供不应求。显而易见，生态产品具有正的外部性，因而生态产品的社会边际收益大于私人边际收益（贾若祥，2015），草原生态产品亦是如此。假设草原生态产品由私人提供，草原生态产品有价且能够自由交换。在无外部损害的情况下，私人边际成本就是社会边际成本，即有 $S=MPC=MSC$（袁庆明，2011）。那么，在完全竞争的市场条件下，草原生态保护者所提供草原生态产品的行为便取决于私人边际收益（MPB）和私人边际成本（MPC）。如图 3-1 所示，完全竞争市场条件下，私人边际收益曲线（MPB）与私人边际成本曲线（MPC）相交，决定了草原生态产品的供给量为 Q_1、价格为 P_1。这意味着在国家法律法规框架内草原平均生态环境质量下，草原生态产品的供给量为 Q_1，明显小于由社会边际收益 MSB 与社会边际成本 MSC 共同决定下的草原生态产品供给量 Q_2，此时社会福利达到最大化，且有 $Q_1<Q_2$。在市场条件下，当草原生态产品的供给量达到社会福利最大化供给量 Q_2时，边际收益线由 MPB 移动到 MSB，对应价格由 P_1移动到 P_2，社会总成本即为$Q_1Q_2O_2E$，社会总收益为 $Q_1Q_2O_2F$。而私人生产者仅愿意承担草原生态产品供给量为 Q_1、价格为 P_1时的成本，即生产者承担私人成本为 $Q_1Q_2O_2O_1$。此时，政府如果通

过 EO_1O_2 部分的草原生态补偿，就能得到社会净收益 O_2FE（见图 3-1 中黑色阴影面积），取得的这部分社会净收益即社会纯福利的增加量。草原生态补偿机制实施后，草原生态保护方（牧户）的平均生态产品供给量为 Q_1，作为补偿方的政府如果希望草原生态产品的供给量能提高到 Q_2，政府就要承担草原生态补偿的责任，补偿的标准即 EO_1O_2。由此可见，草原生态补奖机制如果能对受偿方（牧户）进行足额、有效的补偿，既能满足补偿方对提供更多更好草原生态产品的需求，又能实现社会福利的净增长 O_2FE，进而使包括牧户在内的整个社会的福利水平得以提高，在草原生态补奖过程中最终达到补偿方与受偿方的共赢。

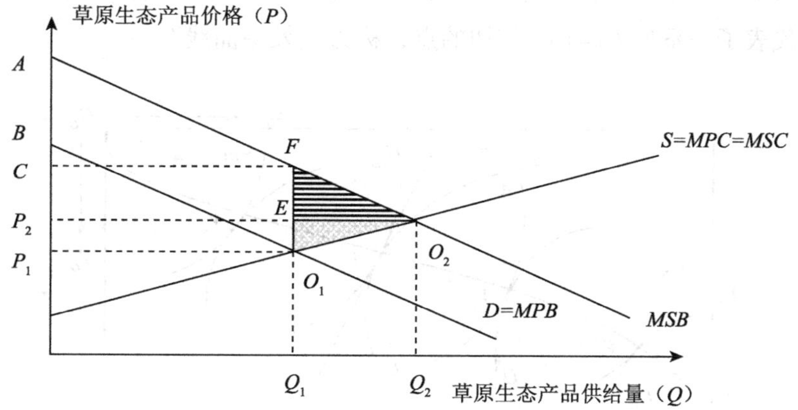

图 3-1 草原生态补奖标准与福利界定示意图

3.1.2 基于埃奇沃斯盒状图分析法的草原生态补奖机制对牧户福利影响分析

埃奇沃斯盒状图（Edgeworth Box），最早出现在英国统计学家、经济学家弗朗西斯·伊西德罗·埃奇沃斯（1881）的著作中，常用以分析某种交换与生产能否实现一般均衡。具体是指，市场中存在两类消费者（或生产者），其所掌握的两种商品（或生产要素）的数量分别用盒状图的长、高表示，而盒状图中的所有点则代表了这两种商品（或要素）的总供给量在两个消费者

（生产者）之间的配置状态。埃奇沃斯盒状图本质上揭示了在所有消费总量或投入要素总量确定的情况下，如何对现有的资源进行更合理的配置，其最终目的在于考察某一生产或特定领域内生产效率的高低，最终实现帕累托的最优状态。

如图 3-2 所示，在埃奇沃斯盒状图中，假设社会资源分为两大类，包括牧户拥有的资源量和牧户以外群体拥有的资源量。图 3-2 中左下角 O_H 为牧户拥有资源的原点，右上角 O_G 为牧户以外群体拥有资源量的原点。牧户的福利水平分别用无差异曲线 U_{H1}、U_{H2}、U_{H3} 和 U_{H4} 代表，且 $U_{H1}<U_{H2}<U_{H3}<U_{H4}$；$U_{G1}$、$U_{G2}$、$U_{G3}$ 和 U_{G4} 则代表了除牧户外其他群体的福利状态，且 $U_{G1}<U_{G2}<U_{G3}<U_{G4}$（顾婷婷，2014）。$U_{G1}$、$U_{G2}$、$U_{G3}$ 和 U_{G4} 分别与 U_{H1}、U_{H2}、U_{H3} 和 U_{H4} 倒置。V' 代表了一系列 U_H 与 U_G 相切的点，称为"效率曲线"。

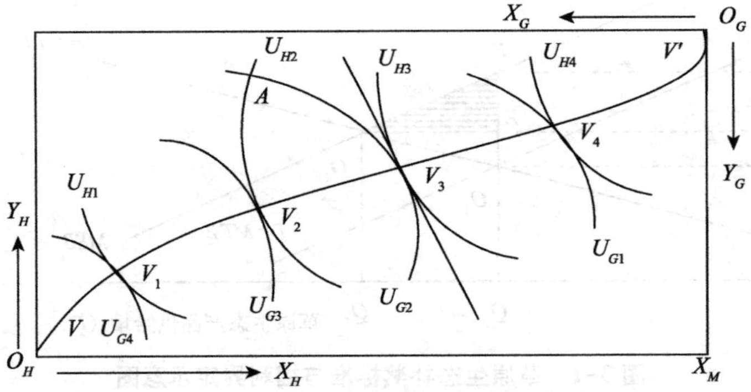

图 3-2 草原生态补奖机制的埃奇沃斯盒状图分析

在图 3-2 中任意点对应牧户拥有的资源组合为（X_H，Y_H），对应除牧户外其他群体拥有的资源组合为（X_G，Y_G）。草原生态补奖机制的实施，一方面使牧户可利用的草场面积减少，而牧户因为补偿政策得到的货币数量、教育投入、就业技能、社会保障等资源量却有所增加；另一方面，由于资源是存量的，对于牧户以外其他群体，随着草原生态补奖机制的实施，从某种程度上增加了其可利用的草场面积，但随着补奖牧户获得的货币数量、教育投入、就业技能、社会保障等资源投入的增加，牧户以外其他群体拥有的这些资源量将随之减少。表现在图 3-2 中，就是当 Y_H减少时，X_H增加，伴随着 Y_G的增加，X_G减少。若牧户与除牧户外其他群体的无差异曲线相交于 A 点，可明显看出，A 点不是牧户与除牧户外其他群体无差异曲线的相切点，此点并不是社会福利的最大点，因此仍有改进的空间。当 A 点沿着曲线 U_{G2}移动到 V_3点时，牧户以外的其他群体仍处于无差异曲线 U_{G2}上，但牧户的福利水平已由无差异曲线 U_{H2}移动到 U_{H3}，并与 U_{G2}相切。换言之，由于 A 点始终在曲线 U_{G2}上，这意味着在保障牧户以外其他群体福利不减少的情况下，可以增加牧户的福利水平。因为当从 A 点运动到 V_3点时，意味着 A 点所在的无差异曲线已由 U_{H2}移动到 U_{H3}。此时，曲线 U_{G2}与 U_{H3}相切，于是就达到了帕累托最优状态。若想再提高一方的效用，就必须缩减另一方的效用。由此可见，草原生态补奖机制实施后，可以在不减少牧户以外其他群体福利的前提下，增加牧户的福利乃至整个社会的福利水平。

根据上文的经济学理论分析，提出本研究核心的研究假设，即政府主导下的草原生态补奖机制的实施，能在一定程度上促进补奖牧户的福利有所提升。

3.2 可行能力视角下牧户福利测度的理论分析框架

草原生态补奖机制的实施，给牧户家庭的生产生活、家庭福利状况带来了影响。从前文关于可行能力理论的阐释可知，福利是建立在个体对各种功能的可行选择集基础上，因而在对牧户家庭福利进行测度之前，有必要先对家庭功能与家庭福利理论进行梳理，根据牧区牧户家庭的特殊性构建草原生态补奖机制下牧户福利测度的理论框架。

3.2.1 家庭功能与家庭福利界定

（1）家庭功能的含义及分类

家庭的建立是以婚姻、血缘或收养等关系为基础的，并以家庭成员共同居住和生活为特征。家庭功能是指家庭在其成员日常生活、社会参与、自身发展等方面所发挥的作用。“家庭功能”的概念诞生于20世纪70年代，理论界主要是从家庭的具体特征与家庭完成的任务等角度进行定义，这两种定义的侧重点各有不同。

从家庭的具体特征来看家庭功能，更侧重于结果导向。该领域的研究者众多，具有代表性的是环状模式理论，其提出者Olson（2000）指出，家庭功能体现为家庭成员的行为准则、家庭沟通、家庭规则以及外部联系等。其中，家庭成员的行为准则、家庭规则，对家庭成员在社会和家庭活动中起到约束作用；而家庭沟通，则可以起到润滑和促进的作用。这些功能的实现与家庭的适应能力、亲密程度密切相关。研究结果表明，平衡型家庭由于适应能力、亲密程度指标适中，其家庭功能发挥结果要好于两项指标过高或过低的非平衡型家庭。在这些家庭中，平衡型家庭的沟通更为顺畅，家庭成员的关系也更为融洽。而后，Anderson（2002）等学者应用线性模型对环状模式理论进行了实证检验。Shek（2002）认为，家庭功能即家庭成员的凝聚力、家庭应对困难的能力以及生活质量等。根据Beavers（2000）的系统模式理论，家庭功能可以用家庭成员间关系及结构、交往的频率和质量等指标来定义。家庭中亲属间的交往频数、亲密程度，取决于近亲与否、地理位置远近、交通和通信的成本及其便利程度等指标（古德，1986）。

从家庭完成的任务来看家庭功能，则更加侧重于过程导向，如Epstein（2000），Skinner（2000）等学者提出的家庭的基本功能，是为家庭成员的健康发展提供充足的物质基础和良好的环境条件，并能及时应对和妥善处理家庭遇到的各种突发事件等。此外，Master（2001）等学者从家庭功能模式理论出发，认为家庭的基本功能是为实现家庭成员的生理、心理等健康发展而创造的环境条件，以及应具备的解决问题、有效沟通、行为控制等基本能力，并且这些能力都能显著影响家庭功能的实现。

随着时代的发展，家庭的功能随之改变，理论界普遍认为家庭的许多功能正在减弱。但家庭一些基本的、固有的功能却变化不大。著名学者大桥熏（1990）指出，家庭的基础功能会随历史的演进而改变，派生功能也将日渐从家庭向社会转移，但家庭的固有功能却变化不大。另一日本社会学家森冈清美（1972）认为家庭的经济生产、教育、保健功能在日益缩小。美国社会学者威廉·奥格本（1989）认为近代家庭功能主要涵盖了教育、经济、宗教、娱乐、传宗接代以及亲情等方面。国内学者邓志伟（2000）认为家庭功能体现为经济、政治、文化、心理、教育以及娱乐等功能。还有学者认为家庭功能可以归结为家庭的子女生育、养育和教育、扶养和赡养老人等本原功能，生产和消费等经济功能，以及情感交流、文化娱乐、宗教信仰等衍生功能。综上所述，可以将家庭的基本功能归结为经济功能、情感功能、社会化功能（教育功能）、健康照顾与生育功能以及社会保障等方面。需要说明的是，经济功能包括生产功能与消费功能，其中家庭的生产功能主要存在于农村牧区等地，随着社会经济的发展与进步，城市地区家庭的生产功能正在外移和弱化，家庭的主要经济功能主要体现为组织消费功能。

（2）家庭福利的内涵及分类

从政策和法律制定的角度来看家庭福利（刘中一，2011）。家庭福利是政府为改善和提高家庭功能，依据相应的法律和政策，以资金支持和服务供给为手段，在医疗、教育、交通、文体等领域所采取的措施和办法，包括以社会救助、保险以及收入补贴等形式的现金援助，和以设立社会福利机构及设施所提供的直接服务，如就业与再就业服务、孤残帮扶服务、公共福利服务以及教科文卫相关服务等。

从财富生产与消费的过程来看家庭福利。一方面，家庭经济是社会经济的组成部分，家庭是社会生产的基本单位，家庭生产的开展与家庭结构、家庭福利总体规模紧密相连。另一方面，家庭福利既是基于家庭共同利益的维护和家庭伦理的尊重而进行的消费，也是围绕家庭成员的角色、责权利关系而展开的实践。家庭层面上的财富生产与消耗过程，是以家庭伦理为基石，体现出家庭经济与家庭福利协调发展的可持续，更是家庭成员间同舟共济、相互扶持能力的展现。由此可见，家庭经济与家庭福利缺一不可，相辅相成（罗红光，2013）。

从与社会福利的关系来看家庭福利。家庭福利是社会福利的组成部分，属于社会福利在微观层面的延伸，从某种意义而言，家庭福利是社会福利在家庭中的缩影。没有家庭福利的提高，就没有最终社会福利的实现。当然，社会福利并非家庭福利的简单累加，但是家庭福利的多与少在一定程度上关系到社会福利的大与小。

从整体和个体角度来理解家庭福利是有所差别的（彭大松，2012），按照利益最大化的原则，家庭福利的最大化有别于个人福利的最大化。当家庭是由一人以上的多人组成时，个人福利的最大化并不意味着家庭整体福利的最大化；只有当家庭成员仅有一人时，二者才相统一。

综上所述，家庭福利可概括为借助于家庭成员间彼此协作及各种外部手段，旨在获取物质与精神生活，以实现家庭成员的成长与发展，提升家庭幸福指数，促进家庭成员的人格独立健全，增进家庭关系的和谐共融，而在家庭成员间彼此支付相关报酬。在任一社会中，家庭单位都无法独立地获取家庭福利以满足家庭全部所需，而不得不从其他群体以及社会中获得可供支持的资源。大体上，可将家庭福利的获取途径分为三类：一是来自家庭内部成员间的相互沟通、关怀与呵护，互惠、互利与互助。这种家庭成员形成的家庭关系网络资源，是传统家庭福利最为重要的获取途径。二是来自家庭外部的亲朋邻里所形成的互惠关系网络资源，这是仅次于家庭内部成员间福利供给的重要家庭福利来源。三是来自国家、社会以及其他群体的社会服务与公共产品供给。随着现代经济的迅猛发展，工业化、信息化和城市化进程的加速使来源于前两种途径的家庭福利正日趋弱化和受限，而通过第三种途径提供家庭福利的方式却愈加重要。

3.2.2 牧户家庭福利的特殊性

在社会历史发展长河中，毋庸置疑的是家庭强大的适应能力要远胜于个人，这得益于家庭功能在人的生产生活中起到的重要作用。作为家庭成员之间情感交流与维系的主要场所，家庭不仅是提供家庭成员生活所需的物质基础和环境条件，更是家庭应对外部风险的重要保障。家庭功能发挥的程度直接关系到家庭福利获取的多少。

在我国，牧区家庭与城市家庭在思维模式、生产生活方式等方面显著不同，所具有的家庭功能也有差别。与我国城市家庭相比，牧区的牧户家庭大多体现为扩展式的家庭模式，包括夫妻、夫妻双方的后代，乃至夫妻的兄弟姊妹等在内。在这种家庭模式中，家庭功能所起到的作用更为明显。这是因为家庭成员共同组成的群组（Groups）可以对个体福利产生更大的影响。群组既可以从集体荣誉、群组成员间的彼此激励来对个体的主观福利施加影响，也可以借助群组的力量和资源共享来提高个体的效率，还可以利用群组的影响力来改变个体的价值判断与行为选择，这些都有助于提高个体的可行能力（Stewart，2004）。而牧户家庭福利的实现，与家庭成员所具备的有价值的可行能力密不可分。

3.2.3 可行能力视角下牧户福利测度的理论分析框架

3.2.3.1 功能性活动及其测度指标的研究进展

森提出的可行能力理论研究方法与分析视角，极大地拓宽了福利经济学的研究范畴，在学术界被广泛应用于不同群体的福利测度研究中。鉴于福利较强的模糊性，以及与目标群体特征的高度相关性，森仅仅列出了基本可行能力的范围，如生存能力、社会交往能力、受尊重的能力等，却并未说明具体的功能性活动量表。可恰恰对功能性活动的准确评价，才是实现福利测度的重要环节。为此，国内外众多学者运用可行能力理论，通过对功能性活动的选取，以测算福利的形式对此进行了大量的研究。

Nussbaum（2000）提出利用生活状态、身体状况、感觉与思维、社会关系、自控力、周围环境等若干项，从与人类生存、生活、情感等密切相关的多个维度来衡量福利。Olubunmi（2009）基于基尼系数以及森的可行能力理论，利用结构式访谈法，以尼日利亚伊莫州的农户作为样本，围绕农户收入的不平等给农户福利带来的影响展开了深入剖析。在研究中，他选取房屋状况、卫生条件、饮水设施、食材和照明设备作为福利指标，得出当地农户的福利指数处于较低水平，且随着农户收入不平等现象的加剧，农户的福利指数显著变小的研究结论。Grasso（2002）利用卫生状况、教育资源、社会关系、生命长度、就业机会、环境条件及住房条件等指标，基于系统动力学对森的框架的可行性与可操作性进行了分析，并对福利进行了测度。Boarini（2006）从教育与医疗、工作与闲暇、政治与社会环境、个人健康与财富等多个维度，构建起个人福利测度框架。

而国内基于可行能力理论的农牧户功能性活动的选取及其福利的测度相关研究也日益增多。高进云等（2007）在可行能力框架内选取了农户的家庭收入、社会保障、心理状况、居住条件、社区与居住环境等系列指标，建立起农户家庭福利测度指标体系，运用模糊数学方法对武汉市城乡交错区的农户福利水平进行测度，得出该地区福利水平总体不高的研究结论。李惠梅（2014）利用健康状况、生活状态、社会关系、安全性、幸福度等9项能反映牧户福利状况的功能指标，对三江源地区草地生态保护给牧户福利带来的影响进行了研究。贾燕等（2009）从农户视角出发，根据其经济状况、居住状况、社会关系、未来发展机会等指标，对农户在集中居住前后的福利状况进行了研究。丁琳琳等（2016）采用模糊综合评价法，从农户经济状况、居住境况、景观环境、社保程度以及心理等角度，建立失地农民福利评价指标体系，按经济发展程度对江苏不同地区进行分类，而后对这些地区土地征收前后农户的福利水平变动情况展开比较分析。游和远等（2013）根据森的可行能力框架的福利理论，从农户的收入、保障、家庭成员健康状况以及社会联系等四种功能性活动，对农地流转背景下农地转出户的福利状况进行了测度。王珊等（2014）从农户生产、家庭收入、居住条件与环境、健康与闲暇状况、社保状况、社会参与度等农户的家庭功能性活动出发，构建农地城市流转背景下农户的福利效应评价指标，测度湖北的武汉、咸宁农地城市流转对农户的福利效应。张梦琳（2017）根据森的理论，结合农户家庭经济、房屋居住、社区生活、社会保障、环境以及心理状况等构建评价指标体系，对河南几市宅基地流转前后农户福利变动情况及其影响因素进行了剖析。

表 3-1 国内外关于功能性活动的主要研究

研究者	时间	功能性活动/可行能力
Sen	1993	生存能力、发展能力以及受尊重的能力等
Martinetti	2000	房屋、健康、教育、社会参与和心理状态等
Grasso	2002	身体与精神的健康、教育与培训、社会关系与互动等
Kuklys	2003	健康生活、住房条件、物质福利、社会和情感支持等
Anand	2005	健康、收入、房屋、社会生活、闲暇、工作及伙伴等
Boarini	2006	教育与医疗、工作与闲暇、政治与社会环境、个人健康与财富等
Moroni	2007	健康、教育、居住条件、医疗以及社会关系等
Olubunmi	2009	房屋状况、卫生条件、饮水设施、食材和照明设备等
高进云	2007	家庭收入、居住状况、社保情况、社区环境以及心理因素等
贾燕	2009	经济状况、居住状况、社会关系和未来发展机会等
游和远	2013	农户的收入、保障、家庭成员健康状况以及社会联系等
李惠梅	2014	牧户健康状况、生活状态、社会关系、安全性和幸福度等
丁琳琳	2016	农户经济状况、居住境况、景观环境、社保及心理等
张梦琳	2017	农户家庭经济、房屋居住、社区生活、社保、环境与心理状况等

资料来源：笔者归纳整理。

纵观国内外福利测评的研究成果，大多是基于上述维度来构建福利测评指标，以实现对农牧户福利的测度。从表 3-1 中可以发现，功能性活动大体上可以从三个角度进行划分，包括经济与非经济、物质与非物质、客观存在与主观评价。农牧户功能性活动主要围绕家庭收入财富、个人身体与精神状况、教育与发展机会、工作与闲暇、居住环境、社保程度、社会交往等维度展开。

3.2.3.2 可行能力分析框架下牧户福利的测度

(1) 研究对象的确定

牧户作为草原生态补奖的对象，也是草原生态补奖机制实施过程中相关主体中最弱势的群体。草原生态补奖政策的实施，关乎其生产生活的正常运转及福利水平的提升。草原生态补奖机制实施后，草原被限制性放牧，牧户的草原使用权受到一定程度的制约，随之而来的是牧业收入的降低，草原带给牧户的归属感和安全感发生改变，也对牧户的居住条件、就业、教育、医疗以及生计状况等带来了不同程度的影响。

作为最基本的社会单元，牧区家庭与城市家庭不同，也有别于农村地区的农户家庭，牧区家庭间的居住地更为分散，家庭成员通常由父母及已婚子女组成，他们共同居住、共同生产、共同消费且分工明确。家庭成员分工不同、角色不同，各自的福利状况也大相径庭。由此可见，不能将家庭成员个体作为研究对象，而应该选取牧区的牧户家庭，这不仅因为牧户是牧业生产的基本单位，而且牧区家庭也是草原承包经营权和使用权的主体。

（2）研究指标的选取

从前一节草原生态补奖机制下牧户福利变化的经济学理论推导可知，草原生态补奖机制的实施，可以在增加与牧户息息相关的货币数量、教育投入、就业技能、社会保障等资源量，提高牧户福利水平的同时，又不至于损害牧户以外社会其他群体的福利。由于本书的研究对象是草原生态补奖机制实施过程中被补奖的牧户，需要根据草原生态补奖机制的内容与现状，以及内蒙古典型牧区牧户家庭的特征，有针对性地选择被补奖牧户的功能性活动用以测度牧户的福利差异。

在上文中，由家庭功能、功能性活动及其测度指标文献的回顾与分析可知，牧户家庭的基本功能涵盖了经济功能、社会化功能、社会保障功能、心理功能、健康照顾功能以及情感功能等方面。具体来说，经济功能是指家庭为了满足家庭中所有成员的衣食住行等需求所发挥的作用，包括生产功能与消费功能。在广阔的草原上，牧区家庭的经济功能还是主要体现为家庭生产功能及其收入状况。其中，组织生产功能仍是当前草原牧区畜牧业生产的基本单位——牧户家庭的最基本功能之一。社会化功能是指牧户家庭成员与社会的交往，以及家庭内通过语言、行为等对子女进行教育，为子女提供上学机会、为家庭成员提供培训机会等，以帮助他们逐渐适应社会的功能，具体包括教育功能、发展机遇、社会化参与及交往等功能。社会保障功能体现为家庭成员在社会参与中，保障家庭成员的养老、医疗、就业等方面所发挥的实际效能及作用。心理功能是指家庭成员的社会认同感、满足感等主观心理感受的实现和提升。健康照顾功能是指家庭对其成员身体、精神健康的维护与促进，以及在家人生病时所给予的各个方面的照顾。情感功能表现为家庭成员间的彼此关爱与互相支持，家庭成员因此产生的对于家庭的安全感、归属感和幸福感。这些功能性活动的开展，都离不开草原生态环境的支持与保障。

因此，基于可行能力分析框架，本研究在构建牧户福利变化测算的理论模型时，立足于牧户家庭的基本功能，围绕影响牧户福利的主要功能性活动展开，综合考虑其他影响因素，依据必要性、典型性和可行性原则，选取组织生产与家庭收入、教育培训与发展机遇、社会保障、闲暇交往与环境评价、社会公平以及身体状况与心理感受等六大功能性活动，构建草原生态补奖机制下牧户家庭福利测度的理论框架，以科学测度草原生态补奖机制下牧户的福利差异，确保在草原生态补奖后牧户福利的持续提升（见图 3-3）。

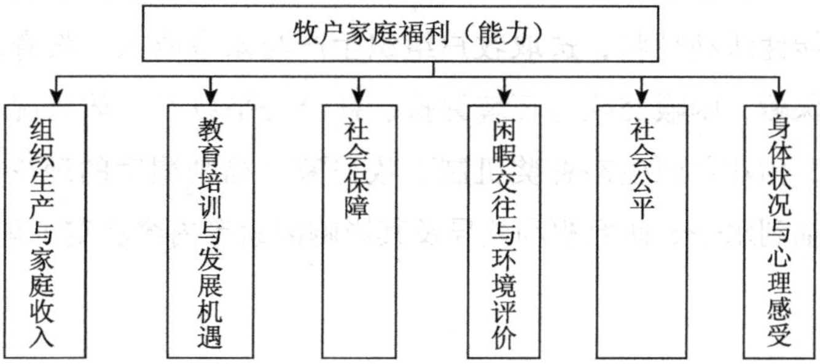

图 3-3 基于可行能力的牧户家庭福利测度理论框架

3.3 本章小结

总体而言，本章的理论分析得出以下结论：

第一，展开草原生态补奖机制下牧户家庭福利的经济学理论分析并提出研究假设。本章基于草原生态补偿机制影响福利的研究进展，运用经济学理论分析方法，分别从成本收益分析法、埃奇沃斯盒状图分析法两个视角出发，对草原生态补奖机制给牧户福利带来的影响进行理论解析。具体而言，通过成本收益分析法发现，草原生态补奖机制不仅可以满足补偿方对提供更多更好草原生态产品的需求，而且还可以实现牧户福利、社会福利的净增长，在草原生态补偿中最终实现补偿方与受偿方的共赢。通过埃奇沃斯盒状图分析法可知，草原生态补奖机制的实施可以在不减少牧户以外其他群体福利的情况下，增加牧户的福利乃至整个社会的福利水平。据此，提出本研究的核心研究假设，即政府主导下的草原生态补奖机制的实施能在一定程度上促进补奖牧户的福利有所提升。根据以上理论假设，补奖牧户的现实状况是否和理论相一致，还需通过后面章节的实证分析进行验证，具体分析草原生态补奖机制对补奖牧户福利变动的影响程度。

第二，构建草原生态补奖机制下牧户家庭福利测度的理论模型。本研究基于森的可行能力理论，根据草原生态补奖机制下牧户家庭福利的经济学理论分析结论，综合已有的家庭基本功能研究文献，立足于内蒙古牧区牧户家庭基本的功能性活动现状，选取牧户组织生产与家庭收入、教育培训与发展机遇、社会保障、闲暇交往与环境评价、社会公平以及身体状况与心理感受等6个维度，构建草原生态补奖机制下牧户家庭福利测度的理论模型，为后文测度牧户福利水平、研究福利差异及其影响因素等内容奠定了理论基础。

4 调查实施后的基本信息统计

4.1 调查区域选取及其草原生态补奖机制实施概况

4.1.1 调查区域选取及其基本情况

本研究首先从内蒙古东部、中部和西部地区，选取呼伦贝尔市、锡林郭勒盟和鄂尔多斯市三个盟市，其分别位于内蒙古高原和鄂尔多斯高原。三个盟市草地面积巨大、地理位置重要，属于典型的纯牧业区。选取的三个盟市所属的草地类型不同，草地的生产力也各异。呼伦贝尔市位于内蒙古的东部地区，草地类型主要是温性草甸草地类型和典型草地类型；锡林郭勒盟位于内蒙古的中部地区，草地类型主要是典型草地类型和温性荒漠草地类型；鄂尔多斯市位于西部地区，草地类型主要是温性荒漠草地类型和草原化荒漠类型。根据《内蒙古自治区草原监测报告》（2017 年），呼伦贝尔市、锡林郭勒盟和鄂尔多斯市的草地生产力均值（以干草计算）分别为 103.9 公斤/亩、52.06 公斤/亩、43.73 公斤/亩（见表 4-1）。由此可见，三个盟市中呼伦贝尔市的草地生产力最高，锡林郭勒盟次之，而鄂尔多斯市最低。

其次，从三个盟市中选取 9 个典型纯牧业旗县的样本作为研究对象，所选取的牧业旗县属于全国重要的畜牧业生产基地（达林太等，2012）。包括从呼伦贝尔市的牧业四旗中选取的三个牧业旗县，分别为陈巴尔虎旗、鄂温克族自治旗和新巴尔虎右旗；从锡林郭勒盟的南部和北部地区各选取两个牧业旗县，分别为北部地区的西乌珠穆沁旗、阿巴嘎旗，南部地区的正镶白旗、正蓝旗；从鄂尔多斯市的牧业四旗中选取杭锦旗和乌审旗。

表 4-1 样本牧区的草地类型及其资源状况

盟市	旗县	草地类型	草地生产力		一绵羊单位所需草地/亩
			鲜草产量（公斤/亩）	干草产量（公斤/亩）	
呼伦贝尔市	陈巴尔虎旗、鄂温克族自治旗	草甸草地	141~211	103.90	12.24
呼伦贝尔市	新巴尔虎右旗	典型草地	101~141	52.06	24.78
锡林郭勒盟	西乌珠穆沁旗、阿巴嘎旗、正镶白旗、正蓝旗	典型草地	101~141	52.06	24.78
鄂尔多斯市	杭锦旗、乌审旗	荒漠草地	40~60	43.73	48.36

注：草地生产力，是按鲜草平均产量、干草平均单产（2017 年产量）计算而出。

资料来源：内蒙古自治区旗县情大全编委会，编．内蒙古自治区旗县情大全［M］．呼和浩特：内蒙古人民出版社，2007；内蒙古自治区区志土地志编委会，编．内蒙古自治区区志—土地志［M］．呼和浩特：内蒙古人民出版社，2009；马玉明．内蒙古资源大辞典［M］．呼和浩特：内蒙古人民出版社，1999；内蒙古自治区畜牧厅修志编史委员会，编．内蒙古自治区志—畜牧志［M］．呼和浩特：内蒙古人民出版社，1999；内蒙古自治区农牧厅草原处．内蒙古自治区草原监测报告［R］．2017.

根据《内蒙古调查年鉴（2017）》《内蒙古自治区草原监测报告（2017）》和《内蒙古统计年鉴（2017）》，全区草场面积 13.2 亿亩，约占内蒙古土地面积的 74.39%，其中承包到户的草场面积 10.41 亿亩，33 个牧业旗县可利用草场面积达到 8.5 亿亩。本研究选取的 3 个盟市的草场面积为 5.27 亿亩，约占全区草场面积的 39.93%，占 33 个牧业旗县可利用草场面积的 62.05%。截至 2016 年年底，全区在册牧区人口数为 97.66 万人，33 个牧业旗（市）人口数为 48.77 万人。本研究选取的 3 个盟市牧业总人口数为 35.34 万人，占全区牧区人口数的 36.18%，占 33 个牧业旗（市）人口数的 72.46%；从中选取的 9 个典型牧业旗县的牧业人口总数为 13.52 万人，占全区牧业人口数的 13.85%，占 33 个牧业旗（市）人口数的 27.73%，约占 3 个盟市牧业总人口数的 38.26%。

通过上述关于三个盟市的草地类型、草地生产力、草场面积及牧业人口等指标的对比分析发现，本研究选取的 3 个盟市 9 个牧业旗县的草地类型各异、草场生产力差异显著，调研区域占内蒙古全区草场面积的比重较高，从事牧业的人口占比较大，在内蒙古的东部、中部和西部牧区中具有一定的独特性、代表性和典型性。

4.1.2 调查区域草原生态补奖政策实施概况

呼伦贝尔市位于内蒙古东部地区，拥有八大草地类型，在全球著名的三大草原中占有一席之地，地跨森林草原、草甸草原和干旱草原 3 种地带，从东至西呈规律性的分布。全市共有草原面积 14926 万亩，约占全市总面积的 37.7%。在首轮草原生态补奖政策的实施中，呼伦贝尔市共完成草原生态保护补奖任务 10400 万亩，包括禁牧区面积 2850.45 万亩。新一轮草原生态补奖政策共涉及全市 10 个旗市区，补奖总面积为 10358 万亩，包括禁牧面积 1687 万亩。

锡林郭勒盟位于内蒙古中部地区，是祖国北疆重要的天然生态屏障。锡林郭勒盟拥有草原面积 29550 万亩，与全盟总面积仅相差 900 万亩，约占内蒙古总草原面积的 1/4。首轮草原生态补奖政策的补奖总面积 27458.64 万亩，其中禁牧面积 6009.27 万亩。自 2016 年起，新一轮草原生态补奖政策开始实施，补奖草原总面积 27177 万亩，包括禁牧草原面积 5083.9 万亩。

鄂尔多斯市位于内蒙古的西部地区，拥有六大草地类型，以干草原植被为主。全市拥有草原 9785.21 万亩，超过其土地面积的 3/4。首轮草原生态补奖政策的补奖总面积 10068.7 万亩，其中禁牧面积 5465.39 万亩。按照第二轮草原生态补奖政策要求，补奖草原总面积共计 9781.4 万亩，其中禁牧面积 5352.2 万亩。

调研区域内禁牧区和草畜平衡区基本情况如表 4-2 所示。

表 4-2 三个盟市样本旗县第二轮草原生态补奖基本情况

旗县	禁牧区面积/万亩	草畜平衡区面积/万亩	补奖模式	草畜平衡标准元/亩	禁牧补助标准元/亩
陈巴尔虎旗	120.00	2013.36	面积补偿模式	4.58	13.75
鄂温克族自治旗	80.00	1220.00	面积补偿模式	4.58	13.75
新巴尔虎右旗	400.00	3013.00	面积补偿模式	4.58	13.75
西乌珠穆沁旗	674.00	2258.00	面积补偿模式	3.00，打草场=5.00	9.00

续表

旗县	禁牧区面积/万亩	草畜平衡区面积/万亩	补奖模式	草畜平衡标准元/亩	禁牧补助标准元/亩
阿巴嘎旗	301.63	3777.87	面积补偿模式	3.00，打草场=5.00	9.00
正镶白旗	326.60	426.31	面积补偿模式	3.00，打草场=5.00	9.00
正蓝旗	487.94	868.74	面积补偿模式	3.00，打草场=5.00	9.00
杭锦旗	1343.18	899.32	面积补偿模式	2.12	6.37
乌审旗	647.50	673.52	面积补偿模式	2.12	6.37

资料来源：《呼伦贝尔市草原生态保护补助奖励政策实施方案（2016—2020年）》《陈巴尔虎旗草原生态保护补助奖励政策实施方案（2016—2020年）》《鄂温克族自治旗2016年草原生态保护补助奖励机制》《新巴尔虎右旗草原生态保护补助奖励政策实施方案（2016—2020年）》《锡林郭勒盟草原生态保护补助奖励政策实施方案（2016—2020年）》《西乌珠穆沁旗新一轮草原生态保护补助奖励政策实施方案》《阿巴嘎旗草原生态保护补助奖励政策实施方案（2016—2020年）》《正镶白旗草原生态保护补助奖励政策实施方案（2016—2020年）》《正蓝旗草原生态保护补助奖励政策实施方案》《鄂尔多斯市草原生态保护补助奖励政策实施方案（2016—2020年）》《杭锦旗草原生态保护补助奖励政策实施方案（2016—2020年）》《乌审旗草原生态保护补助奖励政策实施方案（2016—2020年）》以及《各个旗县2016年草原生态保护补助奖励政策实施情况报告（工作总结）》。

4.1.3 调查区域草原生态补奖机制实施效果

内蒙古牧区草原生态补奖机制的实施情况，主要是从草原植被平均盖度、天然草原平均生产力指标加以评价，用以考察全区及调查区域自草原生态补奖机制实施以来的生态效果，而微观经济效果、社会效果的评价将在后文的牧户福利测度中加以体现。

4.1.3.1 草原植被平均盖度提升

从时间维度来看，自2010年草原生态补奖政策实施以来，截至2017年，全区草原植被平均盖度为43.51%，比2010年草原生态补奖机制实施前的37.08%提高了6.43个百分点。如图4-1所示，近几年内蒙古草原植被平均盖度基本保持在44%左右，呈小幅波动趋势。从总体上讲，草原生态补奖机制实施后内蒙古的草场植被覆盖呈现出明显增加的态势。

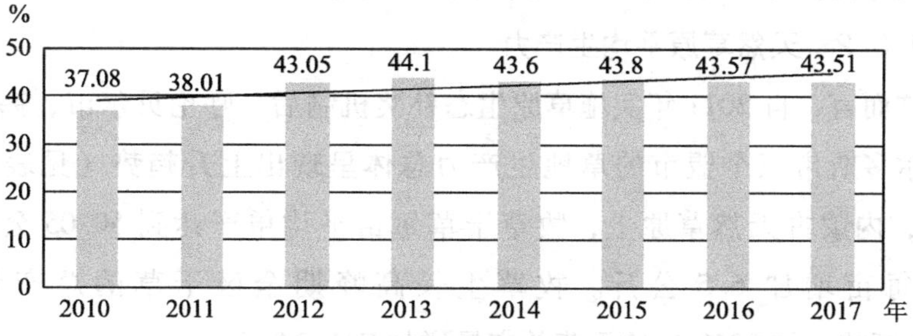

图 4-1 2010—2017 年全区草原植被平均盖度

资料来源：《内蒙古自治区草原监测报告（2010—2017）》。

从空间维度来看，2017 年全区 12 个盟市中，有 7 个盟市的植物盖度高于当年全区的均值 43.51%，分别为呼伦贝尔市、兴安盟、通辽市、赤峰市、锡林郭勒盟、呼和浩特市和鄂尔多斯市，其中植被盖度指标值最高的是呼伦贝尔市。另外的 5 个盟市则低于当年植被盖度均值，其中植被盖度指标值最低的是阿拉善盟。本研究样本区域所在 3 个盟市的植被盖度当年均在平均值以上（见图 4-2）。

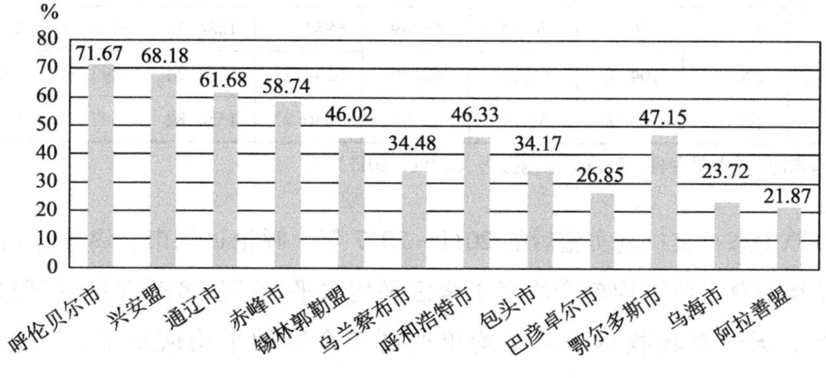

图 4-2 2017 年全区各盟市草原植被平均盖度

资料来源：《内蒙古自治区草原监测报告（2017）》。

通过上述的时间、空间分析可知，草原生态补奖机制实施以来，内蒙古草原生态持续恶化的势头得到了有效遏制，草原水土保持、防风固沙、气候调节、水源涵养、空气净化等草原生态系统功能有所增强，草原产草量、植物覆盖度等指标与20世纪80年代水平基本接近。

4.1.3.2 天然草原平均生产力

总体而言，自2011年实施草原生态补奖机制后，呼伦贝尔市、锡林郭勒盟和鄂尔多斯市三个盟市的草地生产力总体呈现出上升趋势（见表4-3）。2017年，内蒙古天然草原上，牧草干草每亩平均单产达到50.05公斤，较2010年每亩增加6.5公斤。牧草生长高峰期全区干草的总产量达到5630.23万吨，较2010年的干草总产量增加731.34万吨。

表4-3 2011—2017年全区及调查区域的天然草原草地生产力对比

年份	干草平均单产（公斤/亩）				牧草干草总产量/万吨			
	全区	呼伦贝尔市	锡林郭勒盟	鄂尔多斯	全区	呼伦贝尔市	锡林郭勒盟	鄂尔多斯
2010	43.55	90.18	46.3	50.07	4898.89	1346.01	1340.65	442.22
2011	48.72	93.88	52.09	50.24	5480.88	1401.20	1508.37	443.72
2012	60.36	119.36	66.70	43.73	6789.95	1781.54	1931.50	386.24
2013	64.54	132.91	71.81	62.80	7260.66	1983.81	2079.37	554.70
2014	62.27	131.97	68.69	59.72	7004.39	1969.81	1989.13	527.46
2015	60.93	126.25	70.51	56.49	6854.47	1884.36	2041.71	498.95
2016	55.54	104.33	65.35	60.30	6248.22	1557.24	1892.54	532.55
2017	50.05	103.90	52.06	43.73	5630.23	1550.82	1507.55	386.24

资料来源：《内蒙古自治区草原监测报告（2011—2017）》。

草原生态补奖机制实施后的2011—2017年，呼伦贝尔市、锡林郭勒盟的天然草场牧草干草平均单产均高于全区平均水平。鄂尔多斯市只在2011年、2016年，天然草场牧草干草平均单产高于全区的平均值水平。三个盟市中，呼伦贝尔市天然草场干草的平均单产居于首位，并且远远高于全区天然草场的草地生产力水平；鄂尔多斯市的草地生产力居于末位，大多数年份干草平均单产均低于全区的平均值水平（见图4-3）。

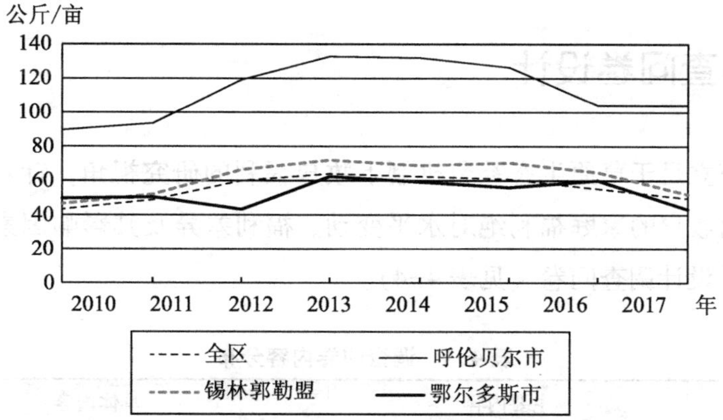

图 4-3 2011—2017 年全区及调查区域天然草原平均单产

资料来源:《内蒙古自治区草原监测报告(2011—2017)》。

草原生态补奖机制实施后,除 2017 年之外,2011—2016 年,锡林郭勒盟天然草场牧草干草的总产量均高于呼伦贝尔市、鄂尔多斯市,而锡林郭勒盟、呼伦贝尔市的该指标值均显著高于当年的鄂尔多斯市。三个盟市中,锡林郭勒盟天然草场牧草总产量居于首位,鄂尔多斯市居于末位(见图 4-4)。

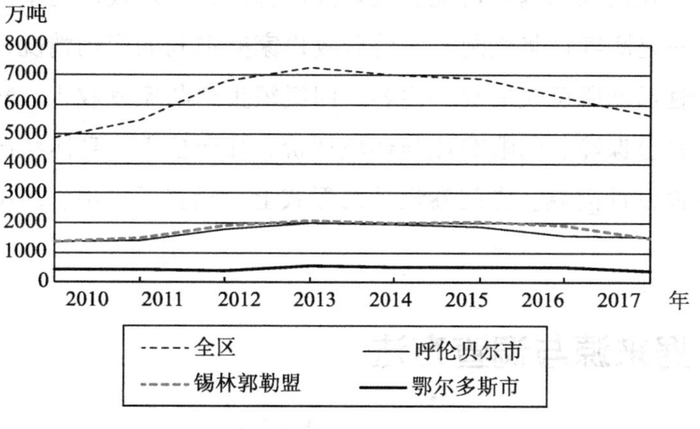

图 4-4 2011—2017 年全区及调查区域天然草原牧草总产量

资料来源:《内蒙古自治区草原监测报告(2011—2017)》。

4.2 调查问卷设计

本研究立足于草原生态补奖机制下牧户福利的研究视角，针对草原生态补奖机制对牧户的家庭福利绝对水平变动、福利差异及其影响因素展开系统性研究，并设计调查问卷（见表4-4）。

表4-4 调查问卷内容分布

主要部分	主要内容	具体内容
第一篇	牧户户主、家庭基本情况、地理区位特征	牧户户主属性；家庭基本情况；地理区位特征
第二篇	牧户的草原生态补奖情况	草原生态补奖资金量；牧户对补奖机制的总体满意度；对补奖政策的认知与评价
第三篇	草原生态补奖机制下牧户家庭福利内容	组织生产与家庭收入；教育培训与发展机遇；社会保障；闲暇交往与环境评价；社会公平；身体状况与心理感受

调查问卷的设计围绕研究内容展开，本书的研究内容主要包括三大部分：一是牧户户主及其家庭基本情况、地理区位特征；二是牧户的草原生态补奖基本情况；三是测度补奖机制实施前后牧户家庭福利的变动情况，围绕牧户家庭的功能性活动所反映的福利内容，即组织生产与家庭收入、教育培训与发展机遇、社会保障、闲暇交往与环境评价、社会公平、身体状况与心理感受等6个方面设计问卷。在问卷设计的形式上，涵盖了单项、多项选择题和填空题。

4.3 数据来源与调查方法

4.3.1 数据构成及调查样本选取原则

本研究的样本数据、文字资料来源于大规模的牧户调查数据、嘎查领导及政府工作人员访谈数据、统计数据和文献资料。其中，从牧户实地调查的样本数据是本研究最重要的来源，另外还使用了相关政府部门信息系统、统计数据和文献资料，如《草原生态保护补助奖励机制管理信息系统》《内蒙古调查年鉴》《内蒙古统计年鉴》《内蒙古自治区草原监测报告》等。而样本数据的获取，基于笔者于 2017 年 6—8 月组织部分内蒙古财经大学教师与本科生，分别对呼伦贝尔市的陈巴尔虎旗、鄂温克族自治旗和新巴尔虎右旗，锡林郭勒盟的正镶白旗、正蓝旗、西乌旗和阿巴嘎旗，以及鄂尔多斯市的杭锦旗和乌审旗共 9 个典型纯牧业旗县内 449 户牧户进行的实地调查。调查方法除主要采用随机抽样、深入牧户访谈式问卷调查、直接观察等方法外，还采用了与典型牧户、嘎查领导等半结构化访谈，与内蒙古农牧业厅草原处、内蒙古草原监理局、旗县农牧业局、旗县畜牧局等政府工作人员的深度访谈等方式。

在设计调查问卷时若能尽可能确保调查内容的针对性、全面性，同时在样本选取与调查实施时确保调查对象的典型性、可行性与可获取性，就能确保所得到的结论具有较高的可信度。而在上述问卷设计、样本选取以及结论确定的三个环节中，笔者认为最为关键的是样本选取与调查实施环节。本研究基于三个原则对样本进行严格筛选：一是所选区域内草原生态补奖行为最好是从草原生态补奖机制实施开始的 2011—2017 年。二是样本覆盖的补奖牧户类型要多样。大体上，草原生态补奖牧户的类型可以划分为三类，分别是禁牧区享受禁牧补助的牧户（以下称为“禁牧型牧户”）、草畜平衡区享受草畜平衡奖励的牧户（以下称为“草畜平衡型牧户”）以及禁牧与草畜平衡混合型牧户。其中，由于第三类禁牧与草畜平衡混合型牧户样本的代表性不强，本研究仅选取禁牧型牧户与草畜平衡型牧户作为研究对象，并尽可能实现这两类牧户数量的均等化。三是尽可能使样本容量足够大，以确保研究结论更具普适性。本研究选取东部、中部、西部地区不同的盟市、旗县、苏木和嘎查开展调查。

4.3.2 调查方法

本研究调查组先后三次深入调研地区，在三个盟市内从旗、苏木、嘎查、牧户等四个层面展开抽样调查。抽样的方法可以概括为以下四个步骤：首先，根据草原生态补奖类型、补奖资金分配状况、经济发展条件、盟市行政区划、地域特征和交通便利程度等因素，从呼伦贝尔市、锡林郭勒盟和鄂尔多斯市选取9个典型牧业旗县（见表4-5）。其次，按照地理位置、自然条件、牧区发展基础等因素，先从9个典型牧业旗县中选取18个有代表性的样本苏木（乡镇）。再次，依据草原生态补奖类型、当地经济发展状况、牧民收入情况、人口规模、与县政府所在地的距离等因素，从这18个苏木（乡镇）中筛选出40个嘎查。最后，从40个嘎查中随机调查了467个牧户，发放问卷数467份，最终获取有效问卷数449份，有效率为96.14%。上述抽样方法，既能确保每一层次中选取的样本具有代表性，又能从所选取的样本中再现总体的结构。同时，调研组借助《草原生态保护补助奖励机制管理信息系统》，参阅了部分牧户的草原生态补奖相关情况、家庭特征等基础信息。

表4-5 2016年三个盟市调查样本所在地区行政区划基本情况

盟市	旗县	乡镇（苏木）/个	镇/个	嘎查/个	年末总户数/户	年末牧业人口数/人
呼伦贝尔市	陈巴尔虎旗	6	2	29	9129	15295
	鄂温克族自治旗	9	3	44	9016	29452
	新巴尔虎右旗	7	2	51	7952	18492
锡林郭勒盟	西乌珠穆沁旗	6	6	93	14204	40517
	阿巴嘎旗	6	6	71	5847	20001
	正镶白旗	4	3	76	22817	54995
	正蓝旗	6	5	102	18373	52931
鄂尔多斯市	杭锦旗	5	4	76	28817	75967
	乌审旗	5	4	61	18615	51724

资料来源：《内蒙古调查年鉴（2017）》。

4.3.3 样本的分布情况

总体上讲，调查问卷的分布包括草畜平衡区享受草畜平衡奖励的牧户问卷227份、禁牧区享受禁牧补助的牧户问卷222份（调查样本数据见表4-6）。其中，呼伦贝尔市138份，锡林郭勒盟169份，鄂尔多斯市142份。调查对象覆盖呼伦贝尔市牧区、锡林郭勒盟的南北牧区以及鄂尔多斯市牧区辖域内的9个旗县18个苏木（乡镇）40个嘎查的草畜平衡区与禁牧区内不同经济发展水平的牧户449个，样本具有较强的代表性（见表4-6）。

表4-6 三个盟市调查样本的构成

旗县地区	乡镇（苏木）	选取嘎查	有效样本数/份	补奖类型	占比/%
陈巴尔虎旗	巴彦哈达苏木	乌兰础鲁	10	草畜平衡型	2.23
陈巴尔虎旗	巴彦哈达苏木	呼和温都尔	11	草畜平衡型	2.45
陈巴尔虎旗	呼和诺尔镇	白音布日德	10	草畜平衡型	2.23
陈巴尔虎旗	呼和诺尔镇	乌布日诺尔	7	草畜平衡型	1.56
鄂温克族自治旗	锡尼河东苏木	巴音乌拉	11	草畜平衡型	2.45
鄂温克族自治旗	锡尼河东苏木	孟根托雅	10	草畜平衡型	2.23
鄂温克族自治旗	辉苏木	嘎鲁图	10	草畜平衡型	2.23
鄂温克族自治旗	辉苏木	查干诺尔	11	草畜平衡型	2.45
新巴尔虎右旗	阿拉坦额莫勒镇	那日图	12	禁牧型	2.67
新巴尔虎右旗	阿拉坦额莫勒镇	塔日根花	12	禁牧型	2.67
新巴尔虎右旗	呼伦镇	伊和诺尔	13	禁牧型	2.90
新巴尔虎右旗	呼伦镇	五一	10	禁牧型	2.23
新巴尔虎右旗	呼伦镇	呼伦诺尔	11	禁牧型	2.45
小计			138		30.75
西乌珠穆沁旗	巴彦花镇	阿拉坦兴安	10	草畜平衡型	2.23
西乌珠穆沁旗	巴彦花镇	查干包古图	12	禁牧型	2.67
西乌珠穆沁旗	吉仁高勒镇	巴彦青格勒	12	禁牧型	2.67
西乌珠穆沁旗	吉仁高勒镇	巴彦高勒	9	草畜平衡型	2.00

续表

旗县地区	乡镇（苏木）	选取嘎查	有效样本数/份	补奖类型	占比/%
阿巴嘎旗	别力古台镇	巴彦乌拉	10	草畜平衡型	2.23
		额尔敦宝拉格	10	草畜平衡型	2.23
	查干淖尔镇	巴彦宝拉格	10	草畜平衡型	2.23
		乌兰图嘎	10	草畜平衡型	2.23
正镶白旗	明安图镇	呼和陶勒盖	13	禁牧型	2.90
		巴彦宝拉格	12	禁牧型	2.67
	伊和淖尔苏木	达布森淖尔	13	禁牧型	2.90
		伊斯音高勒	10	草畜平衡型	2.23
正蓝旗	上都镇	伊日勒吉呼	13	禁牧型	2.90
		卓伦高勒	11	草畜平衡型	2.45
	桑根达来镇	图古日格	14	禁牧型	3.12
小计				169	37.66
杭锦旗	锡尼镇	赛音台格	10	草畜平衡型	2.23
		锡尼布拉格	10	草畜平衡型	2.23
		巴音布拉格	11	草畜平衡型	2.45
	伊和乌素苏木	巴音孟和	15	禁牧型	3.34
		巴音乌素	12	禁牧型	2.67
乌审旗	嘎鲁图镇	布寨	11	草畜平衡型	2.45
		呼和淖尔	13	禁牧型	2.90
		呼和陶勒盖	10	禁牧型	2.23
	苏力德苏木	陶利	14	禁牧型	3.12
		通史	12	草畜平衡型	2.67
		呼和芒哈	11	禁牧型	2.45
		塔拉音乌素	13	草畜平衡型	2.90
小计			142		31.64
总计			449		100.00

4.3.4 问卷的信度和效度

调查问卷中所包含的各主要因素，只有经过有效性检验之后，才能为下一阶段的实证分析提供稳定而可靠的数据，而这一目标的实现要依靠信度分析与效度分析完成。

4.3.4.1 问卷的信度

信度分析是对问卷内容可信程度的验证，因而又被称作可靠性分析，检验结果体现出数据的一致性、可靠性及稳定性，内容涵盖内在信度分析与外在信度分析。前者通过分指标间内在一致性的强弱，考察这些分指标是否能共同测量某一总指标。分指标间的内在一致性程度越高，说明分指标越真，评价结果的可信程度就越大。后者重在考察不同时间内对相同被调查者的反复调查所得出的评价结果的一致性，当经过不同批次调查后得到的评价结果具有较强的相关性时，表明问卷内容及其指标是明确的，最终的评价结果也是可信的。多数情况下，理论界更侧重考察数据的内在信度，看重的是分指标间的内在一致性。较为常见的信度检验方法，是由美国学者克朗巴哈（Cronbach）提出的克朗巴哈信度系数法（Cronbach's Alpha）。这种方法较适用于本研究中由主观指标与客观指标共同组成量表的一致性问题的检验（见表4-7）。

表4-7 Cronbach's Alpha的值域区间及其相关性对照

区间值	$0<\alpha<0.6$	$0.6\leq\alpha<0.8$	$0.8\leq\alpha<0.9$	$0.9\leq\alpha\leq1$
相关性	修订个别分指标	可以接受	较好	好

根据本书的研究内容，可将量表划分为牧户及家庭基本情况（维度A）、草原生态补奖基本情况（维度B）、组织生产与家庭收入（维度C）、教育培训与发展机遇（维度D）、社会保障（维度E）、闲暇交往与环境评价（维度F）、社会公平（维度G）以及身体状况与心理感受（维度H）等8个维度，通过对每一个维度的Alpha系数的得分来考察指标的一致性、可靠性。

通过软件 SPSS22.0 运行结果可知，样本数据信度检验的总量表系数为 0.727（见表4-8）。8 个维度的信度检验结果显示，所有维度的 α 系数值均在 0.6 以上，说明问卷的设计量表可以被接受，能被用作下文相关问题的研究数据。

表 4-8　调查问卷信度系数

维度	维度 A	维度 B	维度 C	维度 D	维度 E	维度 F	维度 G	维度 H	总量表
α 信度系数	0.725	0.814	0.743	0.634	0.672	0.719	0.722	0.608	0.727

4.3.4.2　问卷的效度

效度是用以反映问卷测度的准确性程度。本研究中试图加强对问卷调查过程的严格把控，以提高问卷内容的效度。本书是关于牧户福利问题的研究，因而重点考察草原生态补奖机制下牧户福利的测度维度及其观测指标所出现的频次、占比，对其进行详细统计，以弄清研究结论与调研实际情况的关系。

从调查问卷中研究指标的频次及比率分布表可知，受访者对于各个福利维度的选择频次所占比例较高，均在 80%以上，这表明本研究选取的功能性活动是补奖牧户所看重的（见表4-9）。从福利的观测指标来看，在调查过程中，受访者对于这些观测指标选择频次的占比绝大多数超过 85%，这类观测指标占全部观测指标的 3/4，足以说明问卷设计的评价指标能较为全面、清晰地对其所归属的福利维度进行反映。从统计结果来看，受访者较为重视问卷中所设计的每一项福利维度及其观测指标。

表 4-9 研究指标的频次及比率分布

补奖情况及福利维度	频次统计	所占比例/%	具体观测指标	频次统计	所占比例/%
牧户及家庭基本情况	449	100	户主信息	449	100
			家庭基本信息	449	100
草原生态补奖基本情况	449	100	草原生态补奖资金量	441	100
			牧户对补奖的总体满意度	435	97
组织生产与家庭收入	449	100	牧业劳动力占比	449	100
			牲畜规模	432	96
			家庭人均牧业净收入	411	92
			家庭人均非牧净收入	373	83
教育培训与发展机遇	423	94	家庭教育性支出	423	94
			非牧培训评价	416	93
			补奖政策对家庭成员就业的影响	358	80
			牧户对就业政策的满意度	403	90
社会保障	432	96	恩格尔系数	432	96
			牧户对草场依赖程度	395	88
			补奖对家庭社保影响	332	74
闲暇交往与环境评价	419	93	家庭休息时间	419	93
			与亲朋邻里的联系	391	87
			草原生态环境评价	402	90
社会公平	375	84	对补奖政策的认知	375	84
			参与补奖标准意见征求	362	81
			补奖标准和分配的公平性评价	351	78
身体状况与心理感受	406	90	家庭成员身体健康状况评价	401	89
			安全感评价	373	83
			幸福感评价	406	90

4.4 问卷的初步统计

4.4.1 户主的属性

牧户在畜牧业的生产决策及其执行过程中，户主无疑充当着主导者与决策者的角色，户主所具有的特质在家庭诸多成员中产生的影响最为深刻，户主的基本属性对牧户牧业生产决策起到的作用最为重要。户主的思维方式、做事章法、远见卓识等特质，随着其性别、年龄的不同而千差万别，而户主的受教育程度又决定了牧户家庭对信息的理解把握能力、对科技的学习运用能力甚至对潜在风险的防范化解能力。因此，本研究中关于户主的基本属性首先选取户主的性别、年龄和受教育程度 3 个变量。大体上，在研究区域内的 449 个牧户样本中，户主中 81.07% 为男性，平均年龄为 47 岁，以 35~60 岁为主，受教育程度以小学、初中程度居多（见表 4-10）。

表 4-10　户主属性基本情况

样本特征	分类情况	描述单位数	所占比例/%	样本特征	分类情况	描述单位数	所占比例/%
户主性别	男性	364	81.07	户主受教育程度	文盲	3	0.67
	女性	85	18.93		小学文化	172	38.31
户主年龄	35 岁及以下	82	18.26		初中文化	193	42.98
	36~45 岁	148	32.96		高中文化	67	14.92
	46~60 岁	142	31.63		高中以上文化	14	3.12
	60 岁以上	77	17.15				

4.4.2 被调查牧户家庭的基本信息

牧户家庭的诸多特征既影响着牧户在草原生态补奖机制实施前后的功能性活动，也改变了草原生态补奖机制实施后牧户家庭的经济福利乃至其他方面的福利。因此，基于已有文献及调研过程中对牧户家庭情况的认知，本研究从牧业劳动力占比、家庭人均可支配收入、牧户人均草场面积、牧户对草场的依赖程度和家庭生计多样性指数等5个方面对牧户的家庭特征进行描述。

（1）牧业劳动力占比

牧业劳动力占比是指牧户家庭中从事畜牧业的劳动力占家庭总人口数的比重，通常用百分比表示。统计结果显示，频率最大的是牧业劳动力占比为1的牧户，亦即家里所有的人口均为牧业劳动力，共有157个牧户，占34.97%；频率排在其次的是牧业劳动力占比为0.7的牧户，这意味着家中2/3的人口为牧业劳动力，有105个牧户，占23.39%；牧业劳动力占比最少的是0.2，仅有5个牧户家庭，占1.11%，具体分布如图4-5所示。

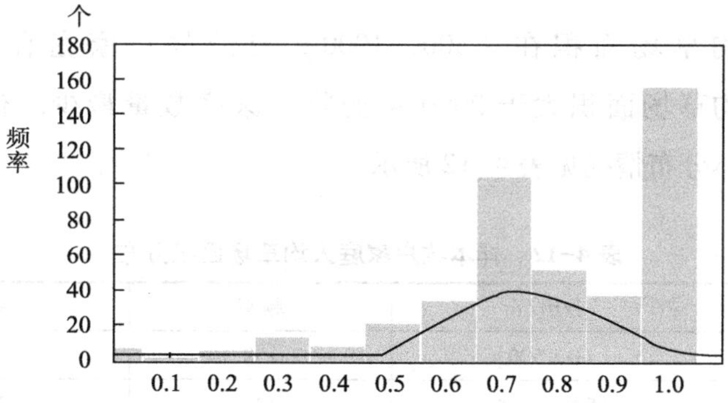

图4-5 样本牧户家庭的牧业劳动力占比

（2）家庭人均可支配收入

牧户家庭人均可支配收入是指牧区的牧户家庭当年所取得的在初次分配、再分配之后的收入。在调查样本中，牧户家庭人均可支配收入的最大值为12万元，最小值为0.59万元，平均值为2.42万元。按照牧户家庭的人均可支配收入，收入介于（15000，20000］元的牧户家庭最多，有156个，占34.74%；其次是收入介于（20000，25000］元的牧户家庭，有109个，占24.28%；收入在25000元以上的牧户家庭有129个，占28.74%，具体分布情况如表4-11所示。从整体来看，调研区域牧户家庭人均可支配收入整体处于中上水平。

表 4-11　样本牧户家庭人均可支配收入分布

序号	分组/元	频率	占比/%
1	(0, 10000]	2	0.45
2	(10000, 15000]	53	11.80
3	(15000, 20000]	156	34.74
4	(20000, 25000]	109	24.28
5	(25000, 50000]	105	23.39
6	>50000	24	5.35

(3) 牧户人均草场面积

牧户人均草场面积是指家庭承包的草场面积与牧户家庭总人口数之比。统计结果显示，人均草场面积低于 500 亩的牧户家庭居多，有 158 个，占 35.19%；人均草场面积在（500，1000] 亩的牧户家庭有 121 个，占 26.95%；人均草场面积大于 2000 亩的牧户家庭数量最少，有 61 个，占 13.59%，具体分布情况见表 4-12 所示。

表 4-12　样本牧户家庭人均草场面积分布

序号	分组/亩	频率	占比/%
1	(0, 500]	158	35.19
2	(500, 1000]	121	26.95
3	(1000, 2000]	109	24.28
4	>2000	61	13.59

(4) 牧户对草场的依赖程度

牧户对草场的依赖程度是指草原生态补奖机制实施后牧户家庭对草场的依赖程度，依赖程度的大小取决于牧户家庭收入来自畜牧业的比重，占比越高说明牧户的依赖程度越大。调查样本中，对草场的依赖程度最重，家庭收入 45%以上来自牧业的牧户居多，有 160 个，占 35.63%；其次是对草场较为依赖，家庭收入 35%~45%来自牧业的牧户，有 149 个，占 33.18%；草场依赖程度为一般，家庭收入的 25%~35%来自牧业的牧户有 81 个，占 18.04%；

草场依赖程度最轻的牧户，其家庭收入的10%以下来自牧业，仅有21个，占4.68%。从整体来看，调研区域的牧户家庭对草场的依赖程度整体表现出较为依赖，分布情况如图4-6所示。

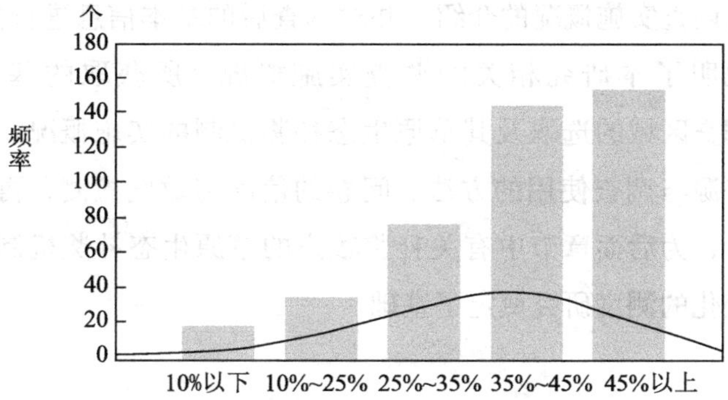

图 4-6 样本牧户家庭对草场的依赖程度

（5）家庭生计多样性指数

家庭生计多样性指数是指家庭成员从事生计活动的种类累计数量。样本统计结果显示，家庭生计多样性活动种类为1的牧户最多，有301个，占比为67.04%；其次是家庭生计多样性活动种类为2的牧户，有103个，占22.94%；家庭生计多样性活动指数为4时达到最小，该类牧户有5个，仅占1.11%。总体上讲，调研牧户家庭的家庭生计多样性指数整体偏低，生计活动主要以畜牧业为主（见图4-7）。

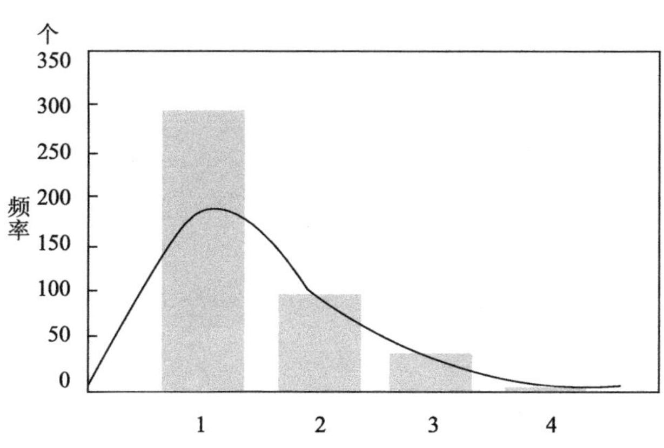

图 4-7 样本牧户家庭生计多样性指数

4.5 本章小结

本章是对调查实施概况的介绍，并对调查后的基本信息进行描述性统计。首先，详细说明了本研究相关的调查实施概况、所获取的基本信息等内容，包括从调查区域的选取及其草原生态补奖机制的实施概况、调查问卷的设计、数据来源与调查使用的方法、问卷的信度与效度检测，再到问卷的描述性统计分析，为后面章节中有关补奖牧户的草原生态补奖机制实施前后福利水平及其变化的测度研究奠定了基础。

5 草原生态补奖机制实施前后牧户福利的绝对水平变化分析

从前文关于福利内涵的分析可知，福利并非是一个简单而清晰的概念。福利所表现出的模糊性、复杂性、不易测度的属性，使人们在生活中难以对福利状态进行简单的评判。然而，这并不意味着福利是完全不可测的，随着理论界关于该问题研究的深入，对福利状况及其变化的测度已经成为可能。本章中，根据在第 3 章中基于森的可行能力理论所构建的牧户家庭福利测度理论模型以及前人研究成果，以第 4 章中牧户在草原生态补奖机制实施前后其功能性活动的调查统计分析为基础，建立草原生态补奖机制下牧户家庭福利测度的评价指标体系，量化草原生态补奖机制实施前后牧户家庭福利的变动情况。

5.1 补奖牧户家庭福利的功能性活动、相关指标选取及统计性描述

5.1.1 草原生态补奖牧户福利测度的功能性活动及其指标设定

本研究中，基于森的可行能力理论，立足牧户家庭的基本功能，围绕影响牧户福利的主要功能性活动，构建草原生态补奖机制下牧户福利变化测算的理论分析模型，涵盖牧户组织生产与家庭收入、教育培训与发展机遇、社会保障、闲暇交往与环境评价、社会公平和身体状况与心理感受等 6 个维度，建立草原生态补奖机制下牧户家庭福利的评价指标体系，测度草原生态补奖机制实施前后牧户家庭福利状况的改变情况（见表 5-1）。

表 5-1　牧户功能性活动、指标及可能变动方向

功能性活动	功能性活动细分	指标	指标说明	预期方向
组织生产与家庭收入（X1）	牧户组织家庭生产	牧业劳动力占比	牧户家庭中牧业劳动力人数占总人口的比例	↓
		牲畜规模	拥有马、牛、羊、骆驼等牲畜的存栏数量，折算为羊单位	↓
	牧户收入状况	家庭人均牧业净收入	牧户当年从事牧业生产取得的经营性净收入，除以家庭人口数	↓
		家庭人均非牧净收入	牧户当年取得的牧业总收入以外的工资性收入、转移性净收入和财产性净收入，再除以家庭人口数	↑
教育培训与发展机遇（X2）	教育培训	家庭教育性支出	牧户当年的教育性支出数额	↑
		非牧培训评价	牧户全年参加非牧培训状况的评价	↑
	发展机遇	补奖政策对家庭成员就业的影响	牧户关于补奖政策对家庭成员就业影响的评价	↓
		牧户对就业政策的满意度	牧户对政府促进就业的优惠政策、发展机遇的满意度	不确定
社会保障（X3）	生活保障	恩格尔系数	家庭中食品支出金额占家庭消费支出额的比值	不确定
	就业、养老保障	牧户对草场的依赖程度	补奖后牧户畜牧业收入占家庭总收入的比重	↓
	社会保障	补奖政策对家庭社会保障影响	牧户对当地社保现状的感受	不确定

续表

功能性活动	功能性活动细分	指标	指标说明	预期方向
闲暇交往与环境评价（$X4$）	家庭闲暇	家庭休息时间	受访者对家庭闲暇时间的感受	不确定
	社会交往	与亲朋邻里的联系	牧户与亲朋邻里的交往、走动情况	不确定
	草原生态环境评价	草原生态环境的主观评价	受访者对于草原生态补奖后草原生态环境改变的评价	↑
社会公平（$X5$）	社会公平评价	对补奖政策的认知	牧户对草原生态补奖年限、补奖标准等政策的认知程度	不确定
		参与补奖标准的意见征求	牧户是否直接或间接参与补奖标准的确定	不确定
		补奖标准和分配的公平性评价	补奖标准和分配公平与否的主观评价	不确定
身体状况与心理感受（$X6$）	身体状况	身体健康状况评价	受访者对于草原生态补奖后家庭成员身体健康状况的评价	不确定
	心理状况	安全感评价	从总体上牧户对安全感的评价	不确定
		幸福感评价	从总体上牧户对幸福感的评价	不确定

注：羊单位的换算标准：牧户的牲畜养殖规模统一折算成羊单位，采用的是牧业年度统计数据。一只大羊折合 1 个羊单位，1 只羊羔折合 0.4 个羊单位，一头大牛折合 6 个羊单位，一头牛犊折合 3 个羊单位，一匹成年马折合 6 个羊单位，一匹小马折合 3 个羊单位，一峰骆驼折合 7 个羊单位。

5.1.1.1 组织生产与家庭收入

生产功能和消费功能组成了家庭经济功能，但牧区家庭的经济功能更多地体现为组织家庭生产功能，这是以畜牧业生产为主的牧区牧户家庭的首要功能。牧户以家庭为单位的牧业生产，不仅是其家庭经济收入的主要来源，也为牧户家庭提供了日常生活所需的食物与用品。在内蒙古牧区，随着 1984 年“畜草双承包”责任制的全面施行，拉开了牧区草场承包与牧畜承包的大幕。但在牧区推行该政策的过程中，“畜草双承包”的进程却不同步。以哲里木盟和伊克昭盟等地为代表展开的“牲畜作价归户承包”的生产责任制，于 1985 年在全区范围内基本完成，而牧户以家庭为单位承包草场的工作，却在时隔多年后的2000年才基本结束。牧户家庭自此才具有了独立作出生产决策的权利，在牧区传统的牧业生产方式及牧民固有的生活习惯共同影响下，牧区牧户家庭因此被赋予了强大的组织生产功能。牧户通过自主劳动可以获取最大限度的经营成果，牧民的生产积极性被调动起来（张蕾，2014）。草原生态补奖机制的实施，使牧户家庭组织牧业生产的功能随之发生改变，这成为草原生态补奖机制影响牧民家庭福利的首要因素（杨春等，2016）。为反映牧区家庭组织生产的功能性活动状况，本研究选取牧业劳动力占比和牲畜规模等两个指标来说明。牧户家庭生产的组织与安排，与牧户牧业劳动力占比密不可分。牧业劳动力占比反映家庭成员从事牧业生产的能力，具体是指牧户家庭中牧业劳动力人数占总人口的比例。随着草原生态补奖机制的开展，牧户中从事牧业生产的人口随之减少，转而投入非牧行业或赋闲在家。此外，牧户所拥有的牲畜规模量，是牧户家庭进行牧业生产时所依靠的物质资本的重要组成部分，显然也会随着草原生态补奖机制的实施而减少。由此可见，草原生态补奖后牧户的牧业劳动力占比、牲畜规模两项指标的变动方向一般为负。

家庭的收入状况不但影响了牧户的经济福利与非经济福利状况，而且关系到牧户的总福利水平。从严格意义上讲，家庭经济收入并不能被视为一种家庭功能，但牧民家庭的经济收入及其决定的家庭经济资源状况，却在客观上深刻影响着家庭成员衣食住行等经济功能的发挥，甚至还会影响家庭成员主观的安全感受等功能（贾燕等，2009）。况且，鉴于内蒙古当前牧区经济发展水平有限，总体发展较为落后，牧户的家庭经济收入状况仍是决定牧民生活质量的关键性因素之一。为反映牧户家庭经济收入这一牧区家庭的功能性活动，本研究选取牧户家庭人均牧业净收入和家庭人均非牧净收入这两个指标来衡量家庭的收入获取能力。草原生态补奖机制实施后，对牧户的家庭收入影响主要体现为三个方面：一是随着可利用草地资源的减少，牧户牲畜数量减少，使得在牧户家庭收入中占比最重的畜牧业生产经营性净收入明显降低；二是原本从事牧业生产的家庭成员，会有部分选择外出务工等非牧型的生计策略甚至赋闲在家，导致家庭人均非牧净收入增加或者不变；三是还有一部分非牧净收入来自草原生态补奖资金，将会增加家庭人均非牧净收入。草原生态补奖机制实施后，牧户家庭人均牧业净收入指标的变动方向一般为负；随着部分补奖牧民选择非牧型的生计策略，加上补奖资金的收入，一般情况下牧户的人均非牧净收入指标变动为正向。

5.1.1.2 教育培训与发展机遇

教育培训是指家庭内长辈对晚辈、父母对子女的教育以及家庭成员接受家庭外的各种培训，以利于家庭成员更好地适应社会的功能。教育培训对人类福利产生重大的影响主要表现为以下几个方面：一是良好的教育不仅让人树立正确适当的人生观、价值观和世界观，更可以提升人的幸福感和归属感。二是教育培训能提升人的职业素养和就业技能，进而改善人的经济福利状况（黎洁等，2012）。发展机遇的多少关系到家庭未来发展潜力的大小，决定了家庭总体的福利状况。草原生态补奖机制实施之后，伴随着牧户用于教育投入的改变、禁牧型牧户子女助学补贴的领取、牧民的培训机会增多等，内蒙古牧区牧户家庭的教育培训与发展机遇状况发生了变化。本研究选取牧户家庭当年发生的教育性支出数额指标来评价补奖后牧区的教育状况（代光烁，2014），选取牧户对于非牧培训现状的评价，反映补奖后牧户家庭成员接受非牧培训的情况。选取补奖政策对家庭成员就业的影响和牧户对政府就业政策的满意度等两个指标，评价补奖后牧户的发展机遇。一般而言，与补奖前相比，牧户家庭当年的教育性支出指标在补奖后的变动方向为正；由于补奖后当地政府会加大非牧培训力度，牧户对于非牧培训的评价在补奖后应该有所改善，因此该指标预计变动方向为正；户主对政府促进就业优惠政策的满意度指标，变动方向不确定。而补奖政策对家庭成员就业的影响指标，变动方向为负。这是因为，在草原生态补奖机制下部分牧户不得不进行非牧就业，但由于牧户受教育程度不高、专业技能有限，在一定程度上给牧户的就业、生计带来了负面影响，因此这时需要政府继续加大对牧民再就业的相关优惠政策的扶持力度，努力提高牧户家庭生计多样性指数。

5.1.1.3 社会保障

家庭成员的物质生活保障离不开社会保障程度，同时也影响着家庭成员心理安全感。社会保障制度与牧民的生活休戚相关，社会保障是牧户家庭福利不可或缺的一项功能性活动。土地具有社会保障功能已在学术界达成共识，如在马贤磊（2012）、闫小欢等（2013）、上官彩霞等（2016）的研究中，将社会保障因素视作土地的重要功能加以分析，测度土地流转前后居民福利状况的变动情况。草场是牧户开展畜牧业生产的主要场所，从某种意义上起到了就业保障的作用。特别是对于年迈的牧民而言，通过在草场上的继续养牧不仅能够获取基本的生活资料和一定的经济收入，更在一定程度上发挥了养老保障以及最低生活保障的作用。草原生态补奖机制的实施后，改变了牧户的社保现状。

本研究选取恩格尔系数、牧户对草地的依赖程度、补奖机制对家庭社会保障的影响三个指标。其中，恩格尔系数是反映生活保障功能的指标，牧户对草地的依赖程度是反映就业保障与养老保障功能的指标。恩格尔系数是指家庭中的食品消费支出与家庭全部消费支出额的比例，是衡量家庭富裕程度的重要指标之一。与草原生态补奖前相比，补奖后牧户的家庭生产、牧业收入、就业等方面都发生了改变，因而无法确定补奖后牧户恩格尔系数的变动情况。如果恩格尔系数降低说明牧户家庭的生活水平提高，该指标值与家庭福利状况呈反比例变动关系。牧户对草地的依赖程度，是由牧业收入占总收入的比重来反映的。一方面，该指标值越高，说明畜牧业生产在家庭收入来源中所起到的作用越大，那么牧户对草场的依赖程度越高，草场对牧户的就业保障作用就越明显。另一方面，牧业收入占总收入的比值越大，反映出草场对于牧户的养老保障功能越强。草原生态补奖机制实施后，牧业收入在家庭收入中的比重降低，因而该指标的预计变动方向为负，而补奖机制实施后牧户对于当地社保的主观感受则无法确定。

5.1.1.4 闲暇交往与环境评价

畜牧业生产的特殊性，决定了牧民的休息时间一般多于从事第二、第三产业的城市居民，因而牧区牧户家庭作为休息场所的功能也不可忽视。家庭闲暇时间的长短及其利用的质量，是现代家庭精神面貌的真实反映（邓志伟等，2000）。牧户家庭拥有的闲暇时间越多，越利于舒缓家庭成员的生产与生活压力，也有助于增强牧民免疫力进而提升健康水平。闲暇不仅有助于家庭内成员间的情感交流，而且对于家庭成员在家庭外实现社会参与功能也起到重要作用。帕特南（1993）等认为，社会关系网络能提高集体行动的能力，增进个体行动的信任，增强牧户抗风险的能力，进而提升人类的互惠水平。牧民拥有的社会资本量与社会关系网络规模呈正相关，若社会关系网络丰富，则牧民就能获得更多实用技术、教育培训以及有利信息等机会。社会关系网络的同质性能够显著影响牧户的个体行为，有效促进创业活动的开展以及经济水平的提升（康晓虹，2018）。在内蒙古牧区，由于牧民的休闲娱乐方式匮乏，牧户家庭在满足了生存需求、安全需求之后，更为迫切地需要与牧区的亲朋邻里进行交往，以实现其社会交往、情感交流等社会需求，因而牧户家庭用于与亲朋邻里间的社会交往与互动交流的时间，就要远远多于城市家庭。草原生态补奖机制的实施不仅影响了牧民的闲暇时间，也改变了牧户的社交习惯。本研究中选取牧户与亲朋邻里的联系指标，用以反映牧户的社会交往状况。草原生态补奖后，牧户与亲朋邻里的走动情况更为复杂。部分在补奖后选择在牧区继续留守的牧户，由于从前在草地上的放牧行为受到限制却又无法实现非牧就业，因此被动增加了闲暇时间，也有了更多与亲朋邻里交往的时间；另一部分牧民由于为生计所迫，离开牧区从事其他的生计活动，闲暇时间缩减，与牧区亲朋邻里的交往机会也有所降低。由此可见，补奖机制对于牧户休闲时间的影响、对于牧户与亲朋邻里联系的影响均不确定。

个体的生存与发展离不开其所在的自然与社会环境。在某种特定环境下，才形成了个体的不同生活方式、生活习俗乃至文化教养，并被世代继承和传播。因此，个体的生存与生活环境影响其功能性活动的开展与提高，构成了居民福利的一部分。草原生态补奖机制实施后，草原的生态环境、自然景观等随着草原生态补奖机制的实施而改善。对于常年在草原上生活的牧户而言，草原环境在某种程度上就是牧户的生活环境。从这个角度而言，草原生态环境的改善就意味着牧户生活环境的变好，因而会对牧户福利产生积极影响。由于本研究侧重从微观牧户的角度来考察草原生态环境变化带给牧户福利的影响，故通过受访者对于补奖后草原生态环境的主观评价加以反映，而评价的结果应为正向。

5.1.1.5 社会公平

公平与效率是福利关注的两个方向。能否实现社会公平，不仅关系到微观牧户生产的积极性与主动性，也影响当事人的主观福利状况。对草原生态补奖过程中的社会公平状况的衡量，可以从纵向和横向两个角度加以考虑。从纵向来看，对比牧户在草原生态补奖前后的福利状况，衡量牧户的生活水平和福利状况变动，考察补奖牧户在草原生态补奖后是否能获得与补奖前一样的养老、医疗、就业等保障，这些在前面的指标设计中都已有所体现。从横向来看，体现为牧户在草原生态补奖过程中，对于草原生态补奖政策的知情权、参与权以及对补偿的公平性评价。为此，选取牧户对草原生态补奖政策的认知程度，用以体现牧户对补奖政策的知情权，满足牧户自身的社会参与、受尊重的需求和能力，这也体现了森的可行能力理论中所包含的家庭受尊重的能力；选取牧户参与补奖标准的意见征求指标，用以体现牧户对补奖机制的参与权；选取牧户对于草原生态补偿的计算标准、资金分配的公平性评价，用以反映补奖中的公平性及合理性问题。这 3 个指标均属于主观性指标，变化方向无法确定。

5.1.1.6 身体状况与心理感受

由前文的文献梳理可以清楚地看到，理论界在利用可行能力理论衡量微观主体的福利时，健康功能是福利的能力框架中不可或缺的一项。作为最重要的福利内容，个体健康对于福利的意义及其重要性显而易见。只有个体拥有了健康的体魄，才能保证其实现其他各项功能。健康是人类利用自然资源和权利实现有质量的生活、获得满足感和幸福感的必要条件和根本保障。在当今经济迅猛发展的社会，机遇与挑战更甚于往昔，身体健康对于个人和家庭就显得尤为重要。本研究通过对牧户家庭成员的身体健康状况进行考察以体现其健康功能，并将健康功能作为个体能力的重要内容。但从实际数据取得的可操作性来看，健康功能指标很难被量化，故通过受访者对于身体健康状况的评价来反映。

安全感、满足感、快乐感、幸福感等主观心理感受的实现和提升，既被认为是福利内容的重要组成内容，更是人们追求更高福利水平在心理层面上的显著影响因素。因此，本研究也将补奖后牧户的心理感受情况纳入福利体系中，以便更深一层地去检验并补充上述功能性活动对补奖牧户家庭福利的评价影响。草原生态补奖机制实施后，随着草原生态环境的改变，牧户个体不得不适应新的环境以及由此带来的社交、心理、文化等变化，牧户的安全感、幸福感等可能随之下降。而对于牧户的安全感、生活压力和生活质量的总体感受均会有碍于其可行能力的发挥，从而影响高质量福利的获取。上述关于牧户心理层面的感受，可以归结为两个指标，即安全感、幸福感评价指标，因而选取牧户在补奖后对于安全感、幸福感程度的评价指标，综合反映补奖牧户的心理功能。

5.1.2 总样本牧户家庭福利变化模糊评价指标的描述性统计

本研究结合草原生态补奖牧户家庭福利的功能性活动及其相关指标，建立总样本牧户家庭福利变化评价指标体系，其描述性统计分析结果如表 5-2 所示。

表 5-2 总样本牧户家庭福利变化模糊评价指标描述性统计分析

功能性活动及指标	变量赋值	变量属性	补奖前		补奖后	
			均值	标准差	均值	标准差
组织生产与家庭收入（*X*1）						
牧业劳动力占比	家庭中牧业劳动力人数占总人口的比例（%）	*C*	0.59	0.27	0.49	0.24
牲畜规模	牧户拥有的马、牛、羊、骆驼等牲畜的存栏数量（羊单位）	*C*	711.13	538.75	565.08	469.94

续表

功能性活动及指标	变量赋值	变量属性	补奖前		补奖后	
			均值	标准差	均值	标准差
家庭人均牧业净收入	牧户家庭年人均牧业净收入（元）	*C*	5045.46	2369.21	6342.73	3401.43
家庭人均非牧净收入	牧户家庭年人均非牧净收入（元）	*C*	3247.75	1687.46	5966.07	3507.49
教育培训与发展机遇（*X*2）						
家庭教育性支出	牧户家庭当年的教育性支出数额（元）	*C*	2105.16	1973.54	3015.75	1798.90
非牧培训评价	非常有用=5；比较有用=4；一般=3；比较没用=2；根本没用=1	*Q*	2.28	0.89	3.18	1.12
补奖政策对家庭成员就业的影响	非常容易=5；比较容易=4；不知道=3；比较困难=2；非常困难=1	*Q*	3.00	0.00	2.75	0.91
牧户对就业政策的满意度	非常满意=5；比较满意=4；不清楚=3；较不满意=2；很不满意=1	Q	3.00	0.00	2.66	0.92
社会保障（*X*3）						
恩格尔系数	食品支出占家庭总支出总额的比重（%）	*C*	38.33	5.54	30.14	3.47
牧户对草场依赖程度	非常依赖，家庭收入的45%来自草场=5；比较依赖，家庭收入35%~45%来自草场=4；一般依赖，家庭收入25%~35%来自草场=3；有些依赖，家庭收入10%~25%来自草场=2；完全不依赖，家庭收入10%以下来自草场=1	*Q*	3.85	1.01	2.85	1.05

续表

功能性活动及指标	变量赋值	变量属性	补奖前		补奖后	
			均值	标准差	均值	标准差
补奖对家庭社会保障影响	改善很大=5；有点改善=4；基本没变=3；有点恶化=2；恶化很多=1	Q	3.00	0.00	3.03	0.92
闲暇交往与环境评价（$X4$）						
家庭休息时间	增加很多=5；增加一点=4；一般=3；减少一点=2；减少很多=1	Q	3.00	0.00	3.07	0.80
与亲朋邻里的联系	非常密切=5；比较密切=4；一般密切=3；不太密切=2；很疏远=1	Q	3.00	0.00	3.07	0.86
草原生态环境评价	变好很多=5；变好一点=4；一般=3；变坏一点=2；变坏很多=1	Q	3.00	0.00	3.04	0.78
社会公平（$X5$）						
对补奖政策的认知	了解=1；不了解=0	D	0.50	0.00	0.54	0.50
参与补奖标准的意见征求	有参与=1，没有参与=0	D	0.50	0.00	0.40	0.49
补奖标准和分配的公平性评价	非常公平=5；比较公平=4；一般=3；不太公平=2；很不公平=1	Q	3.00	0.00	2.98	0.92
身体状况与心理感受（$X6$）						
家庭成员身体健康状况评价	有影响=1，没有影响=0	D	0.50	0.00	0.52	0.50
安全感评价	明显提升=5；有点提升=4；一般=3；有点降低=2；明显降低=1	Q	3.00	0.00	2.65	0.81

续表

功能性活动及指标	变量赋值	变量属性	补奖前		补奖后	
			均值	标准差	均值	标准差
幸福感评价	明显提升=5；有点提升=4；一般=3；有点降低=2；明显降低=1	*Q*	3.00	0.00	2.83	0.85

注：变量类型中，*C* 表示连续型变量，*Q* 表示虚拟定性变量，*D* 表示虚拟二分变量。

5.2 基于模糊综合评价法的牧户福利测度分析方法

在森（2000）看来，“当面对那些值得珍惜的生活时，人类所拥有的真正选择自由”就是福利。从他给出的这个界定中不难发现，福利的内涵在本质上带有明显的模糊性，是一个较为宽泛的解释。这也使得学者在研究过程中，很难将其准确地界定清楚，因为它不是一个非彼即此的概念。美国数控专家L. A. Zadeh于 1965 年创立的模糊数学理论，为有效解决这类无法对其明确、精准量化的难题提供了一种全新、可行的计算方法。模糊数学被广泛应用于不同研究领域的模糊计算中，近年来常被用于研究贫困、公平性以及福利问题（Cheli and Lemmi，1995；Martinetti，2000；高进云等，2016；伽红凯等，2014）。森也认为在评价可行能力过程中，适宜采取多变量法和模糊数学评判法。另外，本书在评价补奖牧户的福利时，选取的一些指标（如非牧培训的评价，对社保现状的主观评价，对补奖机制实施后草原生态环境的评价，对补奖政策的认知、幸福感等）都属于主观评价指标，同样具有模糊性。因此，本研究选取模糊数学综合评价方法，对草原生态补奖机制实施前后牧户的福利变化情况进行测度。

5.2.1 草原生态补奖机制影响牧户福利的研究假设

本书在第 3 章的理论分析中，提出了本研究的核心研究假设，就是草原生态补奖机制的实施能在一定程度上促进补奖牧户的福利提升。因此，后文的研究过程将对此假设前提进行验证，即政府主导下的草原生态补奖机制能对牧户家庭福利产生一定的正向影响。同时，在第3章中基于可行能力视角构建了草原生态补奖机制下牧户福利测度的理论模型，包含牧户的组织生产与家庭收入、教育培训与发展机遇、社会保障、闲暇交往与环境评价、社会公平、身体状况和心理感受等6个维度，在该理论模型基础上建立包含20个因子的牧户家庭福利评价指标体系，针对草原生态补奖机制下牧户家庭福利的变动展开测度。

由于在调研过程中某些调查资料存在一定的局限性，加之牧户在2010年参与草原生态补奖政策前全部数据获取的困难程度较大，本研究在计算草原生态补奖机制实施前后的牧户家庭福利指标值时，补奖后牧户福利状况以补奖前的福利状况作为参照点，部分补奖前指标是根据实际调研的数据计算得到的，其余指标参照数设为不好也不坏的0.5模糊状态。

5.2.2 福利模糊函数的设定

将牧户福利水平表示为模糊集 X，组织生产与家庭收入、教育培训与发展机遇、社会保障、闲暇交往与环境评价、社会公平和身体状况与心理感受等6项内容构成了 X 的子集 W，则第 n 个牧户的福利函数可表示为：

$$W^n = \{x,\ \mu(x)\}$$

其中，$x \in X$，$\mu_w(x)$ 是 x 对 W 的隶属度，$\mu_w(x) \in [0,\ 1]$。通常情况下，福利状况处于绝好状态时的隶属度为1，福利状况处于绝差状态时的隶属度为0，等于0.5时的福利状态最为模糊，亦即不好也不坏的状态，隶属度数值越大代表牧户的家庭福利水平越高（关江华，2014）。

5.2.3 指标变量和隶属函数的设定

在实际科学研究中，确定隶属函数 $\mu_w(x)$ 是处理模糊现象的首要任务。指标类型、自变量和因变量之间的关系是隶属函数确定过程中最重要的两个影响因素。通常我们将指标变量分为三种类型，即虚拟二分变量（Virtual Dichotomy Variable，用字母 D 标识）、虚拟定性变量（Virtual Qualitative Variable，用字母 Q 标识）和连续型变量（Continuous Variable，用字母 C 标识），对各类变量赋值及释疑说明如表 5-2 所示。

设x_i是初级指标x_{ij}决定的牧户福利的第 i 个功能子集，牧户福利的初级指标集合为：$x=[x_{11}, \cdots, x_{ij}, \cdots]$ $x=[x_{11}, \cdots, x_{ij}, \cdots]$ $x=[x_{11}, \cdots, x_{ij}, \cdots]$，不同类型变量采用的隶属函数也不同，具体函数设定如下：

对于虚拟二分变量（D）一般存在两种情况，其隶属函数可表示为：

$$u(x_{ij}) = \begin{cases} 0 & x_{ij} = 0 \\ 1 & x_{ij} = 1 \end{cases} \tag{5-1}$$

式（5-1）表示，当文中牧户对补奖政策了解时，x_{ij} 的取值为 1，该初级指标对于第 i 个功能性活动子集的隶属度等于 1，否则为 0。

对于虚拟定性变量（Q），常用于那些无法定量准确地作出回答，只能作定性回答的研究中。例如，当牧户对其参与草原生态补奖政策前后当地社保状况进行主观评价时，可以设置为非常满意、比较满意、一般、比较不满意、非常不满意 5 种状态，并对这几种状态从 5 到 1 作等距依次赋值。假设某项研究中共有 m 种状态，为这 m 种状态依次进行赋值$x_{ij}=\{x_{ij}^{(1)}, \cdots, x_{ij}^{(m)}\}$，这些值等距分布，那么数值越大所表示的牧户福利水平越高。通常设$x_{ij}^{(1)}<\cdots<x_{ij}^{(l)}<\cdots<x_{ij}^{(m)}$，并且$x_{ij}^{(l)}=l$（$l=1, \cdots, m$）（Miceli，1998），这类变量的隶属函数为：

$$u(x_{ij}) = \begin{cases} 0 & x_{ij} \leqslant x_{ij}^{\min} \\ \dfrac{x_{ij} - x_{ij}^{\min}}{x_{ij}^{\max} - x_{ij}^{\min}} & x_{ij}^{\min} < x_{ij} < x_{ij}^{\max} \\ 1 & x_{ij} \geqslant x_{ij}^{\max} \end{cases} \tag{5-2}$$

式（5-2）中，$x_{ij}^{\max}$ 和 $x_{ij}^{\min}$ 分别表示牧户第 i 个 功能性活动子集中第 j 项初级指标（x_{ij}）的最大值和最小值。

对于连续变量（C），其指标值为连续值。一般情况下，将这类指标的隶属函数定义为：

$$u(x_{ij}) = \begin{cases} 0 & 0 \leqslant x_{ij} \leqslant x_{ij}^{\min} \\ \dfrac{x_{ij} - x_{ij}^{\min}}{x_{ij}^{\max} - x_{ij}^{\min}} & x_{ij}^{\min} < x_{ij} < x_{ij}^{\max} \\ 1 & x_{ij} \geqslant x_{ij}^{\max} \end{cases} \tag{5-3}$$

$$u(x_{ij}) = \begin{cases} 1 & 0 \leqslant x_{ij} \leqslant x_{ij}^{\min} \\ \dfrac{x_{ij}^{\max} - x_{ij}}{x_{ij}^{\max} - x_{ij}^{\min}} & x_{ij}^{\min} < x_{ij} < x_{ij}^{\max} \\ 0 & x_{ij} \geqslant x_{ij}^{\max} \end{cases} \tag{5-4}$$

式（5-3）、式（5-4）中，$x_{ij}^{\max}$ 和 $x_{ij}^{\min}$ 分别表示初级指标 x_{ij} 的最大值和最小值，$u(x_{ij})$ 值越大，说明牧户的福利水平越高。式（5-3）适用于初级指标 x_{ij} 与福利状况正相关的情况，即 x_{ij} 的值越大，福利水平越高，如牲畜规模指标与牧户家庭福利成正比。而式（5-4）则情况相反，适用于福利与初级指标 x_{ij} 反向变动的情况，即 x_{ij} 的值越小代表的福利水平越高。如恩格尔系数指标与牧户家庭福利状况成反比。

5.2.4　指标的加总

计算出初级指标的隶属度后，需要进一步将隶属度加总成一个综合指标，这就需要获得该指标的权重。根据已有研究，我们知道确定权重的方法主要有两种：一种是主观赋权法，其中德尔菲法、层次分析法（AHP）等是该类方法的典型代表，该方法主要依据专家意见或者经验总结来判断指标的重要性大小，进而确定权重。评判者的知识层次和对问题的认识程度不一致，导致利用该方法所确定的权重具有较大的随意性和不确定性。另一种是客观赋权法，通过数据分析发现潜藏在其背后的规律特征，推断数据的重要程度并据此确定各指标的权重，使用较广泛的客观赋权法如熵权法、变异系数法等。该方法的缺点是过分依赖数字的特征规律，从而忽略了指标的内在含义。这就对数据的统计工作提出了很高的要求，尽量确保准确无误，不然容易引起逻辑错误。

本书在计算指标的加总过程中，使用了 Chelia 和 Lemmi（1995）提出的公式，这是采用模糊综合评价福利时最常用的确定权重的方法，即：

$$\omega_{ij} = \ln\left(1/\overline{\mu(x_{ij})}\right) \tag{5-5}$$

式（5-5）中，$\overline{\mu(x_{ij})} = \frac{1}{n}\sum_{p}^{n}\mu(x_{ij})^{(p)}$ 表示 n 个牧户第 i 个功能子集中第 j 项指标的均值。由该公式确定的权重最突出的优点是，可以确保给予隶属度较小的初级指标赋予较大的权重，即基于与多数人相关的维度来确定权重，而对多数得分都较低的维度赋予较高的权重（Decancq and Lugo，2010）。因此，在评价牧户福利时更关注此类获得程度较低的指标。

各功能子集的隶属度在获得初级指标隶属度和权重的基础上，依据 Cerioli 等（1990）提出的加总公式就可以计算出来：

$$\mu(x_i) = \sum_{j=1}^{k}\overline{\mu(x_{ij})} \times \omega_{ij}/\sum_{j=1}^{k}\omega_{ij} \tag{5-6}$$

式（5-6）中，k 表示在第 i 个功能性活动子集中包括 k 项初级指标。

因此，牧户家庭福利测度的总隶属度公式可表示为：

$$W = \sum_{i=1}^{h}\mu(x_i) \times \omega_i/\sum_{i=1}^{h}\omega_i \tag{5-7}$$

式（5-7）中，各功能性活动的权重 $\omega_i = \ln[1/\mu(x_i)]$，$h$ 代表功能性活动个数。

5.2.5 确定连续型初级指标隶属度时最大值与最小值的设置

(1) 家庭人均牧业净收入

首先确定样本牧户家庭牧业净收入总值，然后用这个值除以其牧户家庭总人口，得到该样本牧户的家庭人均牧业净收入。再从中获取这个指标值中的最大值与最小值。根据计算结果，选取 18616 元作为计算补奖后家庭人均牧业净收入隶属度的最大值，最小值则选取 2208 元。

(2) 恩格尔系数

本书将三个盟市恩格尔系数的最高水平作为样本牧户家庭恩格尔系数的

最大值，选取三个盟市恩格尔系数的最低水平作为极小值。根据实地调查数据和《内蒙古调查年鉴（2018）》计算得出，补奖后牧户家庭的恩格尔系数上限和下限分别为41.2和21.2。

（3）家庭教育性支出

该指标在计算时，与设置人均牧业净收入指标的最大值和最小值的方法相同。本研究选取8000元和0元作为计算补奖后家庭教育性支出隶属度的极大值和极小值。

此外，还有其他连续型的初级指标，极值设置方法与家庭人均牧业净收入指标基本一致，直接通过实地调研数据获取其最大值与最小值，在这里不再一一说明。

5.3 草原生态补奖机制实施前后牧户福利的绝对水平变化分析

5.3.1 草原生态补奖机制实施前后牧户福利绝对水平变化的测算结果

采用模糊综合评价法，草原生态补奖后牧户的福利变化如表5-3所示，内蒙古牧区被调查牧户在草原生态补奖后的福利水平模糊评价值为0.455，较补奖前福利状态模糊评价值0.438而言，略有提升但幅度不大。这与第3章中的草原生态补奖机制福利影响的理论分析结果相符，即通过草原生态补奖机制的实施，在满足补偿方对提供更多、更好的草原生态产品需求的同时，能够增加牧户的福利，乃至提高整个社会的福利水平。

表5-3 草原生态补奖前后牧户福利水平的模糊评价结果

功能性活动及指标	补奖前		补奖后		福利变动
	隶属度	权重	隶属度	权重	
组织生产与家庭收入（*X*1）	0.370	0.994	0.390	0.941	0.020
牧业劳动力占比	0.592	0.523	0.486	0.721	−0.106

续表

功能性活动及指标	补奖前		补奖后		福利变动
	隶属度	权重	隶属度	权重	
牲畜规模	0.332	1.104	0.280	1.274	−0.052
家庭人均牧业净收入	0.328	1.114	0.365	1.007	0.037
家庭人均非牧净收入	0.345	1.064	0.556	0.587	0.211
教育培训与发展机遇（*X*2）	0.376	0.978	0.443	0.813	0.067
家庭教育性支出	0.290	1.240	0.408	0.898	0.118
非牧培训评价	0.319	1.142	0.546	0.606	0.227
补奖政策对家庭成员就业的影响	0.500	0.693	0.438	0.825	−0.062
牧户对就业政策的满意度	0.500	0.693	0.414	0.881	−0.086
社会保障（*X*3）	0.440	0.821	0.483	0.727	0.043
恩格尔系数	0.322	1.134	0.479	0.736	0.157
牧户对草场依赖程度	0.712	0.340	0.466	0.763	−0.246
补奖机制实施对家庭社会保障影响	0.500	0.693	0.507	0.679	0.007
闲暇交往与环境评价（*X*4）	0.500	0.693	0.514	0.665	0.014
家庭休息时间	0.500	0.693	0.516	0.661	0.016
与亲朋邻里的联系	0.500	0.693	0.517	0.660	0.017
草原生态环境评价	0.500	0.693	0.509	0.674	0.009
社会公平（*X*5）	0.500	0.693	0.467	0.762	−0.033
对补奖政策的认知	0.500	0.693	0.541	0.614	0.041
参与补奖标准意见征求	0.500	0.693	0.396	0.925	−0.104
补奖标准和分配的公平性评价	0.500	0.693	0.494	0.705	−0.006
身体状况与心理感受（*X*6）	0.500	0.693	0.458	0.781	−0.042
家庭成员身体健康状况评价	0.500	0.693	0.521	0.652	0.021
安全感评价	0.500	0.693	0.413	0.885	−0.087
幸福感评价	0.500	0.693	0.457	0.783	−0.043
总模糊指数	0.438		0.455		0.017

注：为符合数学意义，将取值为 0 和 1 的虚拟变量分别改为 0.001 和 0.999。

由表 5-3 可知，与补奖前相比补奖牧户福利水平的变化值为 0.017，提高了3.88%。从总体上看，草原生态补奖机制实施后牧户家庭的总体福利有所上升，这使第3章中提出的草原生态补奖机制对牧户福利影响的核心研究假设得到验证，即政府主导下的草原生态补奖机制的实施能在一定程度上促进补奖牧户福利的提高。但不可否认的是，实施草原生态补奖机制后牧户的总体福利水平依然不高，仍然低于不好不坏的模糊值0.455。从单个福利指标来看，草原生态补奖机制对牧户福利的各项功能性活动情况产生了较大影响。有些功能性活动指标在补奖后变得更好，如组织生产与家庭收入、教育培训与发展机遇、社会保障、闲暇交往与环境评价较参与草原生态补奖机制前有所改善，这4项功能性活动综合评价值均高于补奖前状态；相反，另一些功能性活动指标值在补奖机制实施后变得更差，如社会公平、身体状况与心理感受两个功能性活动指标在牧民参与草原生态补奖机制后，非但没有得到改善，反而进一步恶化。

5.3.2 草原生态补奖机制实施前后牧户福利各个维度变化分析

根据上文实施草原生态补奖机制前后牧户福利水平的模糊评价测算结果，下文将从牧户福利的各个维度、具体指标的变化情况进行详细解析。

（1）组织生产与家庭收入（*X*1）

整体而言，被调查牧户的组织生产与家庭收入状况，与草原生态补奖机制实施前相比有所提高，从补奖前模糊状态的0.370，提升到补奖后的0.390，提高了5.41%。分指标来看，牧户组织家庭生产维度中，牧业劳动力占比和牲畜规模指标均呈下降趋势。究其原因，主要是草原生态补奖机制的实施致使牧户可利用的草场面积缩减、牲畜养殖规模降低。其一，随着草原生态补奖机制的推进，牧户从事牧业生产的人口数量也随着草原利用的受限而减少，转而投入非牧行业或赋闲在家。其二，牧户所拥有的牲畜规模，在补奖后显然也会随着可利用草场面积的缩小而减少。调查数据显示，草原生态补奖机制下牧户可利用草场面积的减少致使牧户生产行为发生变化，53.17%的牧户在草原生态补奖后选择缩小牲畜养殖规模。在调查过程中发现，虽然牲畜规模有所减少，但减少的这部分牲畜主要归属于草场面积较大的牧户，而草场面积偏小牧户的真实情况却是减畜力度较轻甚至未减。这表明在草原生态补奖机制实施过程中，存在牧户并未严格按照政策要求进行完全减畜的现象（胡振通，2016）。此外，还有26.23%的调查牧户在补奖后选择了改变原有的牲畜养殖结构，如锡林郭勒盟的牧业旗县等实施“减羊增牛”战略，减少了羊饲养量，而增加了牛等大牲畜的饲养规模。

家庭收入维度中，提升水平最大的分指标为家庭人均非牧净收入变量。草原生态补奖机制实施后，原先单纯依靠草场从事畜牧业生产的牧户，为了维持其福利水平，部分选择进入非牧行业，加之草原生态补奖资金的发放也在一定程度上增加了牧户的转移性收入，这些因素使得家庭非牧净收入在牧户家庭收入中的比重有所提高。因而补奖机制实施后牧户的人均非牧净收入福利的隶属度高于草原生态补奖前的福利，福利水平从参与补奖前的0.345，提升至补奖后的0.556，提高了61.16%。

（2）教育培训与发展机遇（*X*2）

教育培训与发展机遇维度，是从家庭教育性支出、非牧培训评价、补奖政策对家庭成员就业的影响，以及牧户对就业政策的满意度等四个方面加以考量。被调查牧户的教育培训与发展机遇隶属度由参与补奖前的0.376的模糊状态，提升到参与补奖后的0.443，增加了17.82%。具体来看，教育培训与发展机遇功能性活动各指标的变化差异明显。分指标显示，草原生态补奖后牧户更加重视家庭成员的教育与培训，因为与补奖前相比，补奖后牧户的家庭教育性支出、非牧培训评价等2个指标的福利隶属度分别提升了0.118和0.227，提升幅度分别为40.69%和71.16%；而补奖政策对家庭成员就业的影响、牧户对就业政策的满意度等2个指标的隶属度却分别下降了0.062、0.086，下降幅度分别为12.40%和17.20%。由于前2个指标的增幅明显大于后2个指标的降幅，所以牧户的教育培训与发展机遇维度的福利水平总体表现为上升走势。

（3）社会保障（*X*3）

与草原生态补奖机制实施前相比，补奖后牧户的社会保障功能有所提高，隶属度由补奖前的0.440，提高为补奖后的0.483，福利隶属度提高了

0. 043。其中，牧户对草场依赖程度指标在补奖后有所降低，降幅为 34. 55%；恩格尔系数、补奖对家庭社保影响等 2 个指标的隶属度值均比补奖前有所提升。

分指标中，牧户对草场的依赖程度指标明显下降，这是由于补奖后牧户的牧业收入减少，致使牧业收入占总收入的比重明显降低。该指标值由补奖前的 0. 712 下降为补奖后的 0. 466，说明补奖后畜牧业生产收入在牧户家庭收入中所起到的作用在减小，牧户对草场的依赖程度在变轻，草场对牧户的就业保障作用也在减弱。

在调查过程中发现，草原生态补奖后由于可利用草场面积减少或受限，一部分过去由自家草场产出肉类、奶食品等的自我供给方式（现在更多时候则是通过增加家庭支出从别处购买），正在向由他人供给的方式转变，致使牧户家庭的食品支出有所增长，但其增幅小于家庭总消费支出上升的幅度，结果牧户用于食品支出的金额占家庭消费支出总额的比重在补奖机制实施后趋于下降，即与补奖前相比牧户的恩格尔系数有所降低。而恩格尔系数指标值与家庭总收入水平、福利状况呈反比例变动关系，恩格尔系数的下降恰恰说明了牧户家庭福利水平的上升（赵昕东，2016）。由表 5-3 可知，牧户恩格尔系数指标的隶属度在补奖后有较大提升，由补奖前的 0. 322 提高到补奖后的 0. 479，增幅达到 48. 76%。

实施补奖机制后对家庭社会保障影响指标值为 0. 507，略高于补奖前的不好也不坏的模糊状态，这表明补奖对家庭社会保障的影响为正。虽然补奖牧户社会保障水平的略微改善并非全部得益于草原生态补奖机制的实施，更重要的是源于国家近些年在牧区开展的新农合、新农保政策的逐步深入。但不可否认的是，由于部分调研地区在草原生态补奖机制的实施方案中推出了关于禁牧区养老补助的配套扶持政策，如锡林郭勒盟规定禁牧区 60 周岁以上牧民除享受禁牧补助外，还可得到 300 元/人/月的养老补助等地方性措施，对于提升牧户社保水平起到了积极作用。

（4）闲暇交往与环境评价（*X*4）

本研究中牧户闲暇交往与环境评价福利在补奖后有所提高，由补奖机制实施前 0.500 的模糊状态，提高到补奖后的 0.514，增幅为 2.8%。分指标中，选取牧户家庭成员休息时间、与亲朋邻里的联系等 2 个指标来衡量其补奖前后闲暇交往的变化情况。其中，家庭休息时间由参与草原生态补奖前 0.500 的模糊状态，提高为补奖后的 0.516，表明牧户的家庭休息时间在草原生态补奖后有所增加，劳动强度有所减少。牧户与亲朋邻里间的联系在补奖后也更为频繁，隶属度较补奖前的模糊状态提高了 0.017，幅度增加了 3.4%。在面积辽阔的牧区，牧户在畜牧业生产之余，娱乐活动匮乏，牧民生活单调、乏味又相对闭塞，与外界沟通交流较少，牧户与亲朋邻里间的联系就显得尤为重要。在调查过程中发现，补奖后牧户在闲暇时间增多的前提下，与亲朋邻里的联系有所加强，社会交往机会因此而增加。

草原生态环境评价指标，由补奖机制实施前 0.500 的模糊状态，上升为补奖后的 0.509，升幅为 1.8%，显示出草原生态补奖机制的实施在一定程度上改善了牧区草原生态环境，这与第 4 章中关于调查区域草原补奖机制实施效果的分析结果相一致，从补奖后草原的覆盖度、草场生产力等指标的改善情况就能窥见一斑。但值得一提的是，对于牧户而言，草原生态环境功能福利水平的改善在所有功能性活动中并非最为明显，隶属度只比补奖前提高了 0.009。调查过程中，有 2/3 以上的受访牧户认为草原生态补奖后虽然草产量有所提升，但由于草场被禁止放牧或限制性放牧，大量牲畜不能在草原上自由移动，因此就不能很好地利用家畜给草原施肥，草原上多种植物的种子难以依靠牲畜的移动进行有效传播，更无法促进牧草分蘖、抑制毒草，导致草原上植物的多样性正在减退（盖志毅，2018）。此外，由于牲畜无法啃食不同区域、不同种类的天然草料，借助野生牧草来医治牲畜体内疾病、平衡牲畜体内菌群、提高牲畜免疫力等，导致草原功能也在弱化，有超过 90% 的受访牧户认为草原的多功能性正随着草原的限制性利用甚至禁用在逐渐减少。

(5) 社会公平（*X*5）

与草原生态补奖机制实施前相比，社会公平福利有所下降，隶属度由补奖前 0.500 的中间状态，下降至补奖后的 0.467，除了牧户对补奖政策认知变量的隶属度有所上升外，牧户参与补奖标准意见征求、补奖标准和分配的公平性评价等 2 个指标的隶属度值均明显低于 0.500。其中，补奖后牧户对补奖政策的认知指标隶属度为 0.541，高于补奖前的模糊状态，这说明牧户对补奖政策的认知程度总体偏好。补奖后牧户参与补奖标准意见征求指标的隶属度为 0.396，与补奖前相比降低较为显著，降幅为 20.8%，这说明牧户在草原生态补奖标准的意见征求方面参与性不好；而补奖后补奖标准和分配的公平性评价指标的隶属度为 0.494，也低于补奖前 0.500 的模糊水平，这说明牧户对于补奖标准和分配的公平性评价不高。

（6）身体状况与心理感受（*X*6）

与草原生态补奖前相比，身体状况与心理感受维度的福利在补奖后有所降低，由补奖前 0.500 的模糊状态，下降至补奖后的 0.458，降幅为 8.4%。实证结果显示，参与草原生态补奖后牧户身体状况的功能性活动指标值为 0.521，在补奖后提高了 0.021，增幅为 4.2%。可能的原因是，草原生态补奖机制使部分牧户的牲畜养殖规模有所减少，牧民劳动强度降低而闲暇时间增加，牧户的身体状态有所改善，加之已经领到养老补贴的 60 周岁以上的年老牧户对草原生态补奖政策持肯定态度，于是有 57.2%的受访牧户更倾向草原生态补奖机制对家庭成员的身体健康状况有正面影响的评价，便在情理之中。

从总样本牧户家庭福利变化模糊评价结果来看，心理感受功能性活动的 2 项评价指标，即安全感评价和幸福感评价指标数值均低于 0.500 的模糊状态，隶属度由补奖前的 0.500 分别下降至补奖后的 0.413 和 0.457，安全感指标的降幅更大，达到 17.40%。这一结果表明，草原生态补奖机制实施后，牧户的心理感受总体上变差，草原生态补奖机制对牧户的心理感受功能在一定程度上产生了消极的影响，降低了牧户的心理福利。可能的原因在于，世代依靠传统牧业为生的牧民，由于补奖后草场使用受限致使草原对于牧户的就业保障、养老保障等功能随之弱化，因而降低了牧户的安全感和幸福感。

综上所述，总体调查样本牧户的家庭福利在草原生态补奖后略有改善，但这种变化并不是非常明显，且草原生态补奖后牧户的总体福利水平依然不高，仍然低于 0.500 的模糊状态值。草原生态补奖机制主要是对牧户家庭的教育培训与发展机遇、社会保障、组织生产与家庭收入、闲暇交往与环境评价等功能性活动的正向影响较大，补奖后比补奖前提升的福利值依次为0.067、0.043、0.020和0.014；草原生态补奖机制实施后，对牧户的身体状况与心理感受、社会公平等功能性活动的负向影响较大，补奖后比补奖前降低的福利值依次为-0.042和-0.033。值得欣慰的是，除去闲暇交往与环境评价维度的非经济福利外，补奖后教育培训与发展机遇、社会保障、组织生产与家庭收入等3项经济福利的增幅，大于身体状况与心理感受、社会公平等2项非经济福利的降幅，这对于草原生态补奖机制后牧户福利的提高起到了一定的积极作用。

5.4 本章小结

本章是本研究的核心内容之一，将为下一章中关于牧户福利的差异测度奠定基础。包括对牧户家庭福利评价指标体系的建立、草原生态补奖机制对牧户福利绝对水平的测度等内容。第5章内容是依据森的可行能力理论，基于第3章构建的草原生态补奖机制下牧户福利测度的理论分析框架，选取牧户组织生产与家庭收入、教育培训与发展机遇、社会保障、闲暇交往与环境评价、社会公平和身体状况与心理感受等6个维度20个因子，对草原生态补奖机制实施前后牧户的福利状况进行了测算。

第一，对草原生态补奖机制实施前后牧户家庭福利进行模糊总体评价。本章主要是以第3章草原生态补奖牧户家庭福利测度理论分析框架、第4章牧户在草原生态补奖前后功能性活动的调查统计分析为基础，建立草原生态补奖机制下牧户家庭福利测度的评价指标体系，并以调查区域的补奖牧户为例进行了实证分析。研究结果显示，草原生态补奖前的总福利值为0.438，草原生态补奖后的总福利值为0.455，福利变化方向为正。该结论对第3章经济学理论分析时提出的核心研究假设进行了验证，即政府主导下的草原生态补奖机制的实施能在一定程度上促进补奖牧户福利的提高。

与实施补奖前相比，牧户在补奖后的福利水平在某些维度得到一定程度的提高。这种改善表现在补奖牧户家庭的教育培训与发展机遇、社会保障、组织生产与家庭收入、闲暇交往与环境评价等 4 项功能性活动福利水平的提升上，而社会公平、身体状况与心理感受等 2 项功能性活动福利水平却拉低了牧户的总体福利。但草原生态补奖前后的总福利变动并不明显，总福利变化仅为 0.017，这表明草原生态补奖机制对牧户福利提高的贡献并不突出，补奖机制后牧户的总体福利水平依然不高，草原生态补奖机制仍有改进牧户福利的空间。

第二，草原生态补奖机制对补奖牧户家庭福利的功能性活动产生影响。从功能性活动看，与草原生态补奖前相比，补奖后牧户的组织生产与家庭收入、教育培训与发展机遇、社会保障以及闲暇交往与环境评价 4 个维度的福利值均有所增加。草原生态补奖机制不仅为牧户增加了经济福利，也提升了牧户的非经济福利水平。其中，福利隶属度提高幅度最大的是牧户教育培训与发展机遇福利，福利变化为 0.067。调研地区内中部的锡林郭勒盟和西部的鄂尔多斯市，在草原生态补奖机制实施后，对牧户的教育和培训投入力度均明显增强，而且当地在草原生态补奖机制配套政策中推出提高牧户子女教育补贴等措施，都使牧户教育培训与发展机遇维度的福利有所增加，这个结论在第 6 章区域特征的异质性分析中也有所体现。

总之，通过本章关于草原生态补奖机制下牧户福利的模糊评价结果可知，草原生态补奖机制对于提升牧户福利的绝对水平有一定的正向影响。但实施补奖前后牧户福利的这种变化并不十分明显，牧户总体福利的绝对水平依然不高且仍有继续改进的空间。

6 草原生态补奖机制实施前后牧户福利的相对差异分析

近年来，学术界已有学者开始关注农区土地制度变革中农户的福利问题研究，如农村土地流转所致农户福利的差距问题研究，基于基尼系数测算土地流转农户的福利差异系数（高进云，2011），或者通过构建加权基尼系数对征地补偿过程中农户的福利差异进行研究（Huan Li et. al.，2015；袁方等，2013）。再如，通过泰尔指数、阿特金森指数等测度失地农户的福利变化（魏玲等，2016）。但总体来说，从效率与公平兼顾的角度，对牧区草原生态补奖机制实施前后牧户整体福利变动和内部福利差异的测度、对牧户间福利分配的合理性等相关研究基本空白。

6.1 补奖机制实施前后牧户整体福利差异测度的实证分析

6.1.1 福利总模糊指数及各功能性活动隶属度的牧户分布情况

在草原生态机制实施补奖前后牧户福利水平的模糊评价基础上，对牧户分布状况进行统计分析，以进一步剖析草原生态补奖前后补奖牧户整体福利水平、各功能性活动隶属度的变化情况。对于补奖牧户福利的整体水平而言，牧户的整体福利指数呈现出“中间大、两头小”的“类正态”分布趋势。牧户福利的总模糊指数及其各功能活动隶属度的牧户分布情况如表 6-1 所示。

表 6-1 福利总模糊指数及其各功能隶属度的牧户分布状况

(%)

分布功能		[0,0.1)	[0.1,0.2)	[0.2,0.3)	[0.3,0.4)	[0.4,0.5)	[0.5,0.6)	[0.6,0.7)	[0.7,0.8)	[0.8,0.9)	[0.9,1]	平均隶属度
组织生产与家庭收入(X1)	补奖前	0.22	7.13	24.05	31.63	21.83	11.14	3.56	0.45	0.00	0.00	0.370
	补奖后	0.00	7.35	22.49	27.84	18.71	12.69	8.24	2.67	0.00	0.00	0.390
教育培训与发展机遇(X2)	补奖前	0.00	5.57	25.39	32.29	19.60	12.47	4.45	0.22	0.00	0.00	0.376
	补奖后	0.22	1.34	10.91	24.28	32.29	21.38	7.80	1.78	0.00	0.00	0.443
社会保障(X3)	补奖前	0.00	0.00	8.46	23.16	42.98	19.60	5.57	0.22	0.00	0.00	0.440
	补奖后	0.00	1.11	6.90	20.04	27.17	26.06	13.36	4.90	0.22	0.22	0.483
闲暇交往与环境评价(X4)	补奖前	0.00	0.00	0.00	0.00	0.00	100	0.00	0.00	0.00	0.00	0.500
	补奖后	0.00	0.89	2.90	6.24	28.06	46.33	11.58	3.56	0.22	0.22	0.514
社会公平(X5)	补奖前	0.00	0.00	0.00	0.00	0.00	100	0.00	0.00	0.00	0.00	0.500
	补奖后	12.25	17.59	5.35	7.35	14.25	10.69	2.00	7.13	14.70	8.69	0.467
身体状况与心理感受(X6)	补奖前	0.00	0.00	0.00	0.00	0.00	100	0.00	0.00	0.00	0.00	0.500
	补奖后	2.23	12.92	8.69	18.71	15.81	12.25	20.71	3.34	3.34	2.00	0.458
总模糊指数	补奖前	0.00	0.00	0.00	3.34	69.27	27.39	0.00	0.00	0.00	0.00	0.438
	补奖后	0.00	0.00	2.23	23.61	44.10	24.50	3.12	2.45	0.00	0.00	0.455

总体而言，草原生态补奖机制的实施使牧户福利的平均隶属度由补奖前的 0.438 上升为补奖后的 0.455，福利状况得到改善，但牧户福利的整体水平依然偏低。从总福利模糊指数可知，补奖后多数牧户的福利状况有所改善，而且分布格局也发生了巨大变化，其分布比补奖前更趋分散。相比较而言，草原生态补奖机制实施后，总福利状况较好（隶属度>0.5）的牧户比例由补奖前的 27.39%扩大到补奖后的 30.07%，但这个比例提升幅度不大，仅为 2.68%。但草原生态补奖后，总体样本中处于较差福利状态的牧户（0.000<隶属度<0.400）比例从补奖前的 3.34%增加到了补奖后的 25.84%；有 69.93%的补奖牧户总福利隶属度低于 0.5，有 67.71% 的补奖牧户总福利隶属度介于［0.3，0.5］之间（见表 6-1）。

在表 6-1 中，功能性活动的平均隶属度指标显示，草原生态补奖机制实施前，牧户社会保障（*X*3）的隶属度为 0.440，在 6 项功能性指标中处于福利状况的最高水平；闲暇交往与环境评价（*X*4）、社会公平（*X*5）以及身体状况与心理感受（*X*6）的隶属度处于不好也不坏的模糊状态；组织生产与家庭收入（*X*1）、教育培训与发展机遇（*X*2）的隶属度水平则较低，特别是前者在补奖前仅为 0.370，位列所有功能性活动最后。而在草原生态补奖机制实施后，牧户闲暇交往与环境评价（*X*4）的平均隶属度为 0.514，高于其他各项功能性指标；社会保障（*X*3）、社会公平（*X*5）以及身体状况与心理感受（*X*6）的平均隶属度均高于 0.450，较为接近中间状态；而组织生产与家庭收入（*X*1）、教育培训与发展机遇（*X*2）的平均隶属度在补奖后均低于 0.450，处于较低水平，仍有较大的提升空间。从分功能性指标值来看，草原生态补奖机制后，闲暇交往与环境评价（*X*4）功能性指标的隶属度在 0.5 以上的比例最高，达到了 61.91%，其他各项功能性指标的隶属度超过 0.5 的比例均低于 50%，依次为社会保障（*X*3）的隶属度超过 0.5 的比例为 44.76%，社会公平（*X*5）的隶属度超过 0.5 的比例为 43.21%，身体状况与心理感受（*X*6）的隶属度超过 0.5 的比例为 41.64%，教育培训与发展机遇（*X*2）的隶属度超过 0.5 的比例为 30.96%，排在最后的是组织生产与家庭收入（*X*1），其指标的隶属度在 0.5 以上的比例仅为 26.60%。

通过进一步计算，草原生态补奖机制实施前后样本牧户整体福利水平的变异系数分别为0.096和0.185。与补奖前相比，变异系数在补奖后明显增大，变动幅度为92.71%，这表明补奖后不同牧户之间福利水平分化加剧，也说明了草原生态补奖机制对牧户造成的影响因个体的差异而有所不同。部分牧户在补奖后的福利水平有所增加，可能出现在家庭生计资本较多、生计多样性较高、牧业劳动能力较强的牧户家庭；相反，部分牧户在补奖后的福利水平呈下降态势，可能是由对草场依赖程度较重、家庭生计多样性指数较低等原因造成。

6.1.2 按异质性因素对补奖牧户整体福利差异分解的扩展分析

在不同异质性因素影响下，草原生态补奖牧户的福利状况各不相同。因此，本研究通过选取相应的指标，根据样本牧户类型（*T*1）、户主受教育程度（*T*2）、家庭生计多样性指数（*T*3）、人均草场面积（*T*4）、区域特征（*T*5）等口径，对补奖牧户的福利差异按类别进行比较分析。在具体分析过程中，本研究在对补奖类型不同的牧户进行分类的基础上，还根据户主受教育程度（小学及以下、初中、高中及以上）、家庭生计多样性指数（为衡量牧户生计多样性指数，采用生计多样性指数作为量化指标，具体由每个家庭从事生计活动的种类数构成。若牧户仅从事一项生计活动，则赋值为1；从事两项生计活动，赋值为2。依此类推，人均草场面积（500亩以下、500~1000亩、1000~2000亩和2000亩以上）、区域特征（东部、中部和西部地区）等，进一步对总样本牧户进行划分。按照不同异质性因素对补奖牧户福利进行相应的模糊评价，评价结果如表6-2所示。

表 6-2　不同异质性因素下补奖牧户的福利差异分解

异质性因素			功能性活动						模糊指数	补奖前后变动差异
			X1	X2	X3	X4	X5	X6		
T1	禁牧型样本牧户	补奖前	0.351	0.386	0.435	0.500	0.500	0.500	0.435	0.008
		补奖后	0.371	0.452	0.466	0.505	0.451	0.442	0.443	
	草畜平衡型样本牧户	补奖前	0.384	0.369	0.453	0.500	0.500	0.500	0.442	0.021
		补奖后	0.402	0.439	0.492	0.518	0.481	0.469	0.463	
T2	小学及以下	补奖前	0.355	0.362	0.431	0.500	0.500	0.500	0.430	0.010
		补奖后	0.383	0.425	0.464	0.486	0.455	0.449	0.440	
	初中	补奖前	0.374	0.373	0.440	0.500	0.500	0.500	0.439	0.005
		补奖后	0.381	0.433	0.473	0.513	0.446	0.445	0.444	
	高中及以上	补奖前	0.391	0.397	0.458	0.500	0.500	0.500	0.451	0.027
		补奖后	0.412	0.472	0.508	0.529	0.497	0.472	0.478	
T3	生计多样性指数=1	补奖前	0.340	0.331	0.402	0.500	0.500	0.500	0.413	0.015
		补奖后	0.371	0.394	0.467	0.521	0.432	0.424	0.428	
	生计多样性指数=2	补奖前	0.361	0.372	0.435	0.500	0.500	0.500	0.434	0.019
		补奖后	0.395	0.441	0.478	0.513	0.457	0.458	0.453	
	生计多样性指数≥3	补奖前	0.405	0.418	0.473	0.500	0.500	0.500	0.461	0.025
		补奖后	0.416	0.498	0.505	0.504	0.519	0.493	0.486	

续表

异质性因素			功能性活动						模糊指数	补奖前后变动差异
			X1	X2	X3	X4	X5	X6		
T4	500 亩以下	补奖前	0.351	0.328	0.393	0.500	0.500	0.500	0.413	0.011
		补奖后	0.371	0.433	0.407	0.496	0.426	0.434	0.424	
	500~1000 亩	补奖前	0.362	0.366	0.413	0.500	0.500	0.500	0.429	0.018
		补奖后	0.381	0.443	0.489	0.510	0.442	0.445	0.447	
	1000~2000 亩	补奖前	0.370	0.382	0.459	0.500	0.500	0.500	0.443	0.025
		补奖后	0.395	0.446	0.514	0.528	0.491	0.469	0.468	
	2000 亩以上	补奖前	0.391	0.418	0.479	0.500	0.500	0.500	0.459	0.028
		补奖后	0.436	0.467	0.518	0.521	0.510	0.486	0.487	
T5	东部呼伦贝尔市	补奖前	0.360	0.373	0.430	0.500	0.500	0.500	0.434	0.004
		补奖后	0.371	0.425	0.452	0.526	0.461	0.428	0.438	
	中部锡林郭勒盟	补奖前	0.353	0.377	0.421	0.500	0.500	0.500	0.431	0.012
		补奖后	0.377	0.447	0.486	0.511	0.450	0.421	0.443	
	西部鄂尔多斯市	补奖前	0.401	0.398	0.475	0.500	0.500	0.500	0.456	0.018
		补奖后	0.422	0.455	0.507	0.494	0.486	0.504	0.475	

按照不同异质性因素下对补奖牧户福利的模糊评价结果，不同异质性因素下补奖牧户的福利状态差异显著（见表6-2）。

6.1.2.1 草原生态补奖机制实施前后牧户福利差异变动的横向比较

从表6-2、表6-3可知，草原生态补奖前后的福利变动差异，受异质性因素的影响各不相同，实施草原生态补奖前后模糊评价指数的平均变动均超过0.01。在每个异质性因素影响下，牧户的福利变化情况及其原因不尽相同。

（1）福利差异平均变动最大的是人均草场面积（*T*4），平均变动值为0.021。可见，牧户的福利状态受到草场规模的影响最大。究其原因，一方面，草场规模越大的牧户在补奖后其所获得的补奖资金数额越多，意味着该类牧户可以利用越多的资金用以改善牧户家庭的教育培训与发展机遇福利、社会保障福利等经济福利状况，而经济福利又在很大程度上决定了牧户的闲暇交往与环境评价、社会公平、身体状况与心理感受福利等非经济福利水平的高低。另一方面，根据可持续生计理论，牧户的生计资本可以划分为自然资本、物质资本、金融资本、人力资本和社会资本。其中，自然资本是指牧户拥有的用以生产牲畜产品的自然资源，亦即保障牧户生存与发展的牧区草场资源。牧户拥有的草场规模越大，意味着牧户拥有的生计资产越多，尤其是自然资本数量越高，因而掌握较多生计资本的牧户更能实现畜牧业生产的规模化经营，比起规模较小的牧户也更易取得相对更多而稳定的牧业收入。此外，这类牧户受草原生态补奖机制对牧户减畜要求的影响更小，实现减畜目标的压力较小，因而草场对牧户的生活保障、就业保障、养老保障等保障功能就体现得更为充分，牧户从中得到的安全感、幸福感也更强。由此可见，牧户由于拥有大规模的草场，所享受到的福利也就更高。因此，受草场规模的异质性因素影响，牧户福利差异的变动最为明显。

（2）家庭生计多样性指数（*T*3），对牧户福利差异的影响排在第二位，其平均变动值为0.020。由于受到牧户家庭生计多样性指数的影响，牧户福利差异的变动较为明显。牧户的家庭生计多样性指数越高，牧户家庭的生计多样性越好，牧户的福利改善程度越大。这是因为随着牧户生计多样性的扩大，牧户的生存发展策略也更为多元，牧户不仅可以通过多种渠道增加家庭收益，而且更重要的是降低了牧户生计的脆弱性，提高了牧户面对未来不确定风险的应对能力，对于牧户提高生活水平、实现脱贫致富的意义重大（李海燕等，2014）。

（3）样本牧户的类型（*T*1）对牧户福利差异的影响，位列草场规模因素（*T*4）和家庭生计多样性指数因素（*T*3）之后，福利差异平均变动值为0.015。补奖牧户的类型不同，对其福利差异的变动影响各异。禁牧型样本牧户在草原生态补奖前后的福利差异变动值为0.008，要小于草畜平衡型样本牧户的福利差异变动值0.021，这说明草原生态补奖机制实施后草畜平衡型样本牧户的福利提升程度更高。可能的原因在于，草原生态补奖机制对于禁牧型样本牧户的影响更大。草原生态补奖机制实施后，按照禁牧政策的要求，禁止牧民在草地放牧至少一年以上，这势必会影响禁牧型样本牧户饲养的牲畜规模，使得在牧户家庭收入中占比最大的畜牧业生产经营性收入明显降低。但国家实施草原禁牧政策的初衷，是希望通过舍饲半舍饲的圈养达到“禁牧不禁养”的目的，稳步实现牧区畜牧业经济的健康发展。可牧区的现状是基础设施条件较差，项目投入力度不大，牧户发展舍饲畜牧业缺少资金支持，加之受地域环境、牧户文化水平、传统观念和技术能力的制约，以及牧区产业结构单一，第二、第三产业发展滞后，后续支撑产业投入不足等原因，禁牧后牧民选择非牧型生计策略的积极性、可能性并不高，导致牧户非牧型收入微薄，禁牧型样本牧户的福利水平提升幅度有限也就是意料之内的结果（李慧玲等，2017；王加亭等，2016）。

（4）户主受教育程度（*T*2）对牧户福利差异带来的改变，其影响力位列异质性因素中倒数第二，福利差异平均变动值为0.014。在该异质性因素影响下，草原生态补奖前后牧户福利差异变动最大的是户主受教育程度在高中以上水平的牧户，其福利差异变动值为0.027，要明显高于户主受教育程度在初中及以下的牧户群体。这表明，户主的受教育程度越高，草原生态补奖后牧户对于政策的认知能力与认知程度越高，其在教育培训与发展机遇、闲暇交往与环境评价、社会公平、身体状况与心理感受等方面的福利比户主受教育程度低的牧户更好，并且此类型牧户实现非牧型生计策略的可能性也越大。

因此，户主受教育年限越长的牧户，其福利提升的幅度就越大。

（5）根据表6-3的结果，补奖牧户的福利差异还受到区域特征（*T*5）的影响，福利差异平均变动为0.011，影响力位列所有异质性影响因素的末位。草原生态补奖前后，西部地区鄂尔多斯市牧户福利差异变动数值为0.018，比东部地区呼伦贝尔市、中部地区锡林郭勒盟的变动更为明显，三个地区中福利差异变动最小的是东部呼伦贝尔市的牧户。可能的原因在于，西部地区鄂尔多斯市在调研的三个地区中，无论在草原生态补奖机制实施前还是在草原生态补奖机制实施后，其经济实力始终处于领先地位，对该地区的基础设施、教育与培训、医疗保障、社会保障等方面的资金投入力度最大，草原生态补奖政策的配套机制比起其他盟市也更为完善，因而西部地区鄂尔多斯市牧户在草原生态补奖前后的福利提升幅度最大。

表6-3　异质性因素影响下补奖牧户福利差异变动的横向比较

<table>
<tr><th rowspan="2">异质性因素</th><th colspan="5">指标</th></tr>
<tr><th>T1</th><th>T2</th><th>T3</th><th>T4</th><th>T5</th></tr>
<tr><td rowspan="4">分指标福利差异变动</td><td rowspan="2">0.008</td><td>0.010</td><td>0.015</td><td>0.011</td><td>0.004</td></tr>
<tr><td>0.005</td><td>0.019</td><td>0.018</td><td>0.012</td></tr>
<tr><td rowspan="2">0.021</td><td rowspan="2">0.027</td><td rowspan="2">0.025</td><td>0.025</td><td rowspan="2">0.018</td></tr>
<tr><td>0.028</td></tr>
<tr><td>平均变动数值</td><td>0.015</td><td>0.014</td><td>0.020</td><td>0.021</td><td>0.011</td></tr>
</table>

6.1.2.2　草原生态补奖前后牧户福利差异变动的纵向比较

从不同类型样本牧户的角度来看。在草原生态补奖前后，草畜平衡型样本牧户的福利状况要明显好于禁牧型样本牧户，二者补奖前后福利的隶属度差值为0.020。由分指标显示结果可知，补奖后草畜平衡型样本牧户的分指标除教育培训与发展机遇福利外，组织生产与家庭收入、社会保障、闲暇交往与环境评价、社会公平以及身体状况与心理感受的隶属度均高于禁牧型样本牧户。差距最大的前三项分别为组织生产与家庭收入福利、社会公平福利以及身体状况与心理感受福利，隶属度差距分别为0.031、0.030和0.027。由此可见，与草畜平衡政策相比，完全禁止放牧政策对牧户福利的影响更大，若相应的草原生态补助资金不能弥补牧户由于禁牧所遭受的损失，或者不能做到相对公平，就会使牧户福利大打折扣，令牧户心理上的安全感与幸福感遭受打击，将极大地降低牧户参与草原生态补奖机制的积极性。

从户主受教育程度不同的角度来看。户主受教育程度在一定程度上反映了牧户家庭人力资本的不同，这种差异也会影响到补奖牧户的福利状态。如表6-2所示，总体上受教育程度越高的补奖牧户，其福利的隶属度值越大。在草原生态补奖前后，随着受教育程度的逐渐提高，牧户福利水平也稳步提升，受教育程度越高样本牧户的福利状况越好，最高学历牧户群体比最低学历牧户群体的福利平均变动绝对值高出0.017。在补奖机制实施之后，按照牧户户主受教育程度对福利隶属度值由低到高排序，依次为0.440、0.444和0.478。比起小学以下受教育程度，户主为高中以上受教育程度的牧户能使其福利状况的模糊评价值提高0.038。其中，户主受教育程度对最高（高中及以上）与最低（小学及以下）两类补奖牧户的教育培训与发展机遇福利的影响最大，相比小学以下受教育程度的补奖牧户，高中及以上受教育程度牧户在教育培训与发展机遇的隶属度上提升了0.047。然后是对补奖牧户社会保障的影响，高中及以上受教育程度最高的补奖牧户比小学及以下受教育程度的补奖牧户社会保障功能性指标的隶属度高出0.044。受教育程度对最高（高中及以上）与最低（小学及以下）两类补奖牧户，闲暇交往与环境评价、社会公平、组织生产与家庭收入以及身体状况与心理感受等4类福利的影响程度依次降低，隶属度差距分别为0.043、0.042、0.029和0.023。

从不同牧户家庭生计多样性指数的角度来看。在实施补奖机制前后，生计多样性指数越高的牧户福利状况越好，补奖牧户的福利状况随着生计多样性指数的增大而提升。在实施补奖后，不同家庭生计多样性指数的牧户的隶属度值由低到高依次为0.428、0.453和0.486。生计多样性指数大于等于3的补奖牧户与生计多样性指数为1的补奖牧户相比，福利隶属度差异为0.058。具体来看，生计多样性指数最高的补奖牧户，教育培训与发展机遇福利的隶属度远高于生计多样性指数最低的补奖牧户，二者隶属度差异为

0.104；其余功能性指标的隶属度差异由高到低为社会公平福利、身体状况与心理感受福利、组织生产与家庭收入福利以及社会保障福利，隶属度差异依次为0.087、0.069、0.045和0.038。闲暇交往与环境评价的隶属度中，生计多样性指数大于等于3的补奖牧户低于生计多样性指数为1的补奖牧户的差为0.017。

从牧户家庭不同人均草场面积的角度来看。在实施补奖机制前后，人均草场面积越大的牧户福利状况越好，随着人均草场面积的扩大，补奖牧户的福利状况也在稳步提升。在补奖后，不同人均草场面积的牧户隶属度值由低到高依次为0.424、0.447、0.468和0.487。分指标显示，人均草场面积在2000亩以上的牧户，其所有功能性分指标值均高于人均草场面积在500亩以下的牧户。具体而言，首先二者在社会保障福利上相差最大，隶属度相差0.111，这是因为牧户的人均草原面积越大，对草场的依赖程度越深，因而福利的隶属度水平越高。其次，在社会公平福利方面相差较大，隶属度相差0.084，这意味着人均草原面积越大的牧户，由于其所获得补奖资金数额更高，因而所能感受到的社会公平性越好；其他由高到低的分指标福利，依次为组织生产与家庭收入福利、身体状况与心理感受、教育培训与发展机遇以及闲暇交往与环境评价等指标，隶属度差异依次为0.065、0.052、0.034和0.025。

从牧户所在不同区域特征的角度来看。无论在实施草原生态机制补奖前还是补奖后，均呈现出西部地区鄂尔多斯市调查牧户的福利状况最好的特点。在补奖后，东部、中部、西部三个地区的福利隶属度分别为0.438、0.443和0.475，最高的西部地区鄂尔多斯市与最低的东部地区呼伦贝尔市，隶属度差异为0.037。从分指标显示结果来看，实施补奖后西部地区鄂尔多斯市牧户的组织生产与家庭收入福利最高，中部地区锡林郭勒盟次之，东部地区呼伦贝尔市最低，西部与东部地区福利隶属度差异为0.051；西部地区鄂尔多斯市的教育培训与发展机遇福利最好，东部地区呼伦贝尔市最差，二者隶属度差异为0.030；西部地区鄂尔多斯市的社会保障福利最优，东部地区呼伦贝尔市相对处于劣势，二者隶属度差异为0.055；东部地区呼伦贝尔市的闲暇交往与环境评价福利最优，西部地区鄂尔多斯市最差，二者隶属度差异为0.032；西部地区鄂尔多斯市的社会公平福利最强，中部地区锡林郭勒盟最弱，二者隶属度差异为0.036；西部地区鄂尔多斯市的身体状况与心理感受福利最佳，中部地区锡林郭勒盟最差，二者隶属度差异为0.083。

总体而言，受不同异质性因素影响的不同补奖牧户群体，福利水平差异较为明显。首先，与禁牧型样本牧户相比，草畜平衡型样本牧户在草场限制性利用上相对较弱，于是拥有的可利用草场资源更多，其所掌握的生计资本中的自然资本相对更为丰富，该类牧户的福利水平更高（康晓虹，2018）。其次，受教育程度越高的补奖牧户，其福利状况显著好于受教育程度较低的调查牧户。受教育程度在高中及以上的补奖牧户，由于其受教育程度高，对于补奖的理解力、接受度相对更高，因此补奖后的分指标中教育培训与发展机遇、社会保障、心理感受的隶属均度排在前列；较长的受教育年限，使该类牧户更容易接受培训，也更易于寻求到更多的发展机会，因而补奖后在社会公平、组织生产与家庭收入以及闲暇交往与环境评价等方面也明显优于受教育年限较短的牧户。再次，补奖牧户的生计多样性指数越大，牧户的福利状况越佳。当牧户家庭的生计多样性指数≥3时，要比其他类型牧户的福利状况更好。生计多样性指数越高，对于改善补奖牧户的家庭经济收入、教育培训与发展机遇、社保状况以及身心状况等功能，乃至提升牧户家庭自我福利水平发挥着更重要的作用。补奖牧户的人均草场面积越大，其福利状况越优。究其原因，一方面，对于禁牧型样本牧户而言，草场面积越大意味着可获得的禁牧补助资金量越多，不仅增加了家庭人均非牧净收入，也相对会有更强的社会公平感；另一方面，对于草畜平衡型样本牧户来说，更大的草场面积除了能够获得一定的草畜平衡奖励资金外，也更易实现减畜的目标，心理感受也相对更好（靳乐山，2015；李金亚，2014）。最后，区域特征、地理位置的差异对牧户福利的影响也各不相同。在实施补奖机制前后，西部地区鄂尔多斯市样本牧户的福利水平均高于中部、东部调研地区牧户。可能的原因是，鄂尔多斯市地处呼包鄂经济带，无论是牧户的经济观念、市场意识和远见卓识还是信息优势、可利用的资源以及发展机遇等方面，都远胜于另两个地区的牧户，因而该地区补奖牧户的总体福利高于其他地区。

6.2 草原生态补奖机制实施前后牧户内部福利分配差异测度的实证分析

前文均是针对牧户福利差异的整体测度，是从效率角度对草原生态补奖机制实施后牧户福利变动的探究，而补奖机制对不同牧户家庭福利分配公平性的考量同样也不能忽视。接下来的研究，将借助洛伦兹曲线与基尼系数测度方法，考察草原生态补奖机制实施前后牧户内部福利分配差异的变动情况。

6.2.1 牧户内部福利分配差异的洛伦兹曲线分析

依据洛伦兹曲线构造原理，绘制补奖牧户福利的洛伦兹曲线。其中，横轴 *OM* 为草原生态补奖机制下牧户的累计百分比（按福利功能由低到高排列），纵轴 *ON* 为草原生态补奖机制下牧户的福利累计百分比，对角线 *OP* 代表绝对平均线，*OLP* 表示草原生态补奖牧户福利的洛伦兹曲线。洛伦兹曲线弯曲程度代表补奖牧户的内部福利差距，亦即曲线的弯曲程度越深，表示补奖牧户的内部福利差距越大（见图 6-1）。

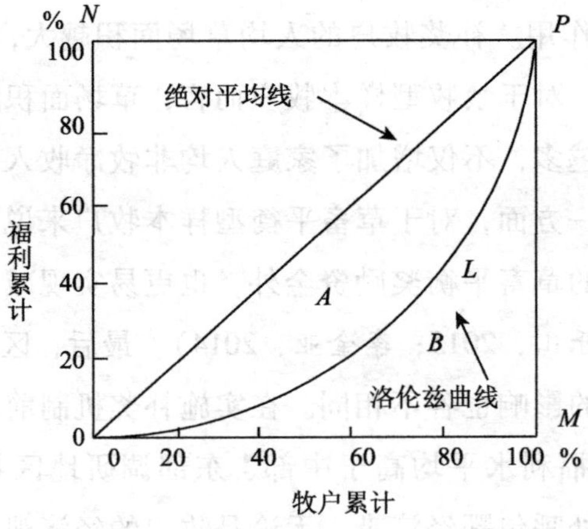

图 6-1 牧户福利的洛伦兹曲线

基于每个补奖牧户在补奖前后的福利隶属度，按福利从低到高排列的顺序计算补奖牧户累计个体数占总个体数的比重，以及补奖牧户个体累计福利占全体牧户福利加总值的比重，将上述对应关系绘制在图形上，即得到草原生态补奖前后牧户福利的洛伦兹曲线。如图 6-2 所示，横轴代表补奖牧户的累计百分比，纵轴代表牧户福利的累计百分比，向右上方倾斜的 45°线表示草原生态补奖牧户福利的绝对平均线。显然，与实施补奖前相比，草原生态补奖机制后补奖牧户福利的洛伦兹曲线更向右下方凸出，这说明草原生态补奖机制的实施使补奖牧户内部福利的差距正在扩大。

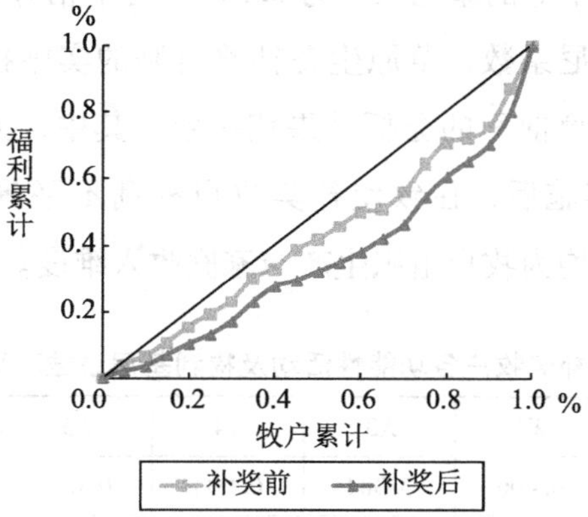

图 6-2 草原生态补奖前后牧户福利的洛伦兹曲线

6.2.2 牧户内部福利分配差异的基尼系数分析

由于洛伦兹曲线难以对草原生态补奖牧户福利的内部分配差异进行量化，还需继续计算反映补奖牧户福利内部分配差异的基尼系数。将洛伦兹曲线与 45°线（绝对平均线）之间的面积称为“不平等面积”，记为区域 A。当福利分配达到完全不平等的状态时，洛伦兹曲线就变为折线 OMP，此时折线 OMP 与 45°线之间的面积称为“完全不平等面积”，即为区域 $A+B$（见图 6-1）。福利基尼系数就是不平等面积（A）与完全不平等面积（$A+B$）之比，用以衡量一个地区福利分配差异的标准，福利基尼系数用 G 代表。在对补奖牧户福利进行不平等测算时，主要是从组织生产与家庭收入（*X*1）、教育培训与发展机遇（*X*2）、社会保障（*X*3）、闲暇交往与环境评价（*X*4）、社会公平（*X*5）以及身体状况与心理感受（*X*6）等6个维度的功能性活动出发，对其不平等性进行测算（见表6-4）。

由表6-4不难得出，草原生态补奖机制实施前后牧户福利的基尼系数不同，这表明在补奖前后牧户间内部福利的分配并不均等。草原生态补奖机制实施前，内蒙古牧区调研牧户福利不平等的基尼系数为0.202，处在比较平均的水平上；而在草原生态补奖机制实施之后，内蒙古东部、中部、西部调研地区补奖牧户福利不平等的基尼系数为0.314，处于相对合理的状态。对比实施补奖机制前后的基尼系数，草原生态补奖机制的实施拉大了补奖牧户内部福利的差距，这与本章前面的分析结果相一致。其中，无论是在草原生态补奖机制实施前还是实施后，在致使补奖牧户福利不平等的诸多功能性活动中，最为突出的因素均为牧户组织生产与家庭收入维度。

表6-4　补奖牧户各功能性活动及福利基尼系数不平等测算

指标	*X*1	*X*2	*X*3	*X*4	*X*5	*X*6	福利
补奖前	0.412	0.406	0.384	0.000	0.000	0.000	0.202
补奖后	0.465	0.409	0.359	0.182	0.361	0.227	0.314

从各项功能性活动的基尼系数来看，草原生态补奖机制实施后，闲暇交往与环境评价维度不平等的基尼系数值为0.182，处于绝对平均水平，这说明补奖牧户普遍拥有较多的闲暇、较好的社会交往，他们对于补奖后草原生态环境的评价也较为趋同，这和第6章的分析结果相符。牧户的身体状况与心理感受维度，其不平等的基尼系数值在补奖后为0.227，处于比较平均水平，差异程度较小，这说明牧户在补奖机制实施后在现有的经济状况下对家庭成员身体状况评价与心理感受较为相似。社会保障维度的基尼系数值在补奖机制实施后为0.359，介于0.3~0.4的相对合理区间，这说明随着国家新农合、新农保政策支持力度的不断加大，以及牧户社会保障意识的逐年提升，牧户家庭成员的社会保障程度在普遍提高，差距在减少，因而比补奖前

0.384的基尼系数值要低。同样，社会公平维度的基尼系数值在补奖后为0.361，也处于相对合理区间，这表明受访牧户正在更多地关注家庭成员的社会公平度。在调查过程中，研究者发现国家在牧区推行各种政策时更加注重征求牧户的意见。在每个实施草原生态补奖机制的嘎查，都会选取牧户代表参与补奖机制相关意见的征集。而组织生产与家庭收入、教育培训与发展机遇维度的基尼系数相对较高，介于0.4~0.5的差距较大区间，表明这2个维度在草原生态补奖机制实施后存在较为明显的不均衡性。需要指出的是，有些功能虽然在基尼系数值域相似，但并不代表受访者的福利状态相近，只能说明这些功能的差异程度接近。

总体而言，根据补奖牧户的整体福利分布状况和内部福利分配差异状况，实施草原生态补奖机制后不仅表现出补奖牧户的整体福利差异在扩大，而且补奖牧户间福利分配差距也在加剧。

6.3 本章小结

作为本研究的又一核心章节，本章主要内容涵盖各项功能性活动隶属度的分布情况、测度实施补奖机制前后牧户整体福利的差异、异质性因素对补奖牧户整体福利差异进行的扩展分析、补奖前后牧户内部福利分配差异的洛伦兹曲线和基尼系数分析等方面，得出下列结论。

首先，补奖牧户的整体福利差异在扩大。一是从补奖牧户福利的整体水平来看，牧户的整体福利总指数呈现出“中间大、两头小”的“类正态”分布趋势。相比较而言，草原生态补奖机制实施后，总福利状况较好（隶属度>0.5）的牧户比例由补奖前的27.39%上升到了补奖后的30.07%。但是，草原生态补奖机制实施后，总体样本中处于最差福利状态的牧户（0.000<隶属度<0.400）比例从补奖前的3.34%增加到了补奖后的25.84%；草原生态补奖机制实施后，有69.93%的补奖牧户总福利隶属度低于0.5，有67.71%的补奖牧户总福利隶属度介于［0.3，0.5）之间。二是不同异质性因素影响下的补奖牧户群体，牧户的福利状况差异显著。本研究选取样本牧户类型、户主受

教育程度、家庭生计多样性指数、人均草场面积以及区域特征等作为异质性因素，考察在其影响下补奖牧户的福利差异。从草原生态补奖机制实施前后牧户福利变动差异的纵向比较来看，福利差异平均变动绝对值最大的是草场规模，平均变动绝对值为0.021，可见牧户受到草场规模的影响最大，这是因为草场规模越大的牧户所获得的补奖资金数额越多，于是就有更多的资金用以改善牧户家庭的经济与非经济福利状况。三是家庭生计多样性指数，平均变动绝对值为0.020，这说明牧户的家庭生计多样性越大，生计策略越多元化，牧户的福利改善程度越高。此外，牧户的福利状况还受到样本牧户类型、户主受教育程度和区域特征的影响，平均变动绝对值依次为0.015、0.014和0.011。从草原生态补奖前后牧户福利变动差异的横向比较来看，牧户拥有的生计资本数量越多（如草畜平衡型样本牧户）、受教育程度越高、生计多样性指数越大、人均草场面积越广、地区经济发展越快，牧户的福利状况就越好。

其次，利用洛伦兹曲线、福利基尼系数对草原生态补奖机制实施前后牧户内部福利的分配差异进行测度。实证分析结果显示，补奖后牧户间的福利分配差距正在加剧。这是因为，与实施补奖前相比，草原生态补奖后牧户福利的洛伦兹曲线更向右下方凸显，补奖后福利基尼系数的数值比起补奖前也变得更大。

7 草原生态补奖机制下牧户福利的影响因素分析

第5章中分析了实施草原生态补奖前后牧户福利绝对水平的变化情况，在此基础上展开第6章的研究，从效率与公平兼顾的角度测度了草原生态补奖机制实施前后牧户福利的相对差异。基于以上研究，本章将对草原生态补奖机制下牧户福利变化的影响因素、影响程度等内容展开深入研究，重点识别草原生态补奖机制对牧户福利产生的具体影响，为进一步完善福利制度、提升牧户福利水平提供科学依据和理论参考。

7.1 草原生态补奖机制影响牧户福利变化的研究进展

7.1.1 草原生态补奖机制的研究进展

草原生态系统服务价值补偿，是基于市场经济的环境管理方法，因相关方享有并使用了草原生态环境所提供的草原生态服务这一产品而需要支付相应的费用，本质上就是对草原管理者保护和恢复草原生态系统行为的补偿（康晓虹，2018）。关于草原生态补偿的研究进展主要体现为两个方面：一方面，关于草原生态补偿机制本身的研究进展；另一方面，关于草原生态补偿的生态、经济和社会效益评价方面的研究进展。

关于草原生态补偿机制本身的研究。草原生态补偿机制是基于草原生态系统的功能，确定草原生态补偿主体、补偿方式、补偿标准和依据以及补偿期限等内容的一系列政策安排。草原生态补偿机制的健全不仅有利于草原生态环境的转变，更是促进草原生态、社会、经济效益共同可持续发展的必然选择（毛培胜，2016）。可持续的草原畜牧业政策、草原生态治理及其补偿机制，应在以社区为主的非均衡草原放牧动态管理体系中实现（Vetter，2005），这将有助于牧民福利的改善。目前，国外应用生态补偿理论及相关研究成果已构建起较为完整的生态价值核算及补偿体系，并用以指导生态补偿的实践。国内现有的研究还主要集中在对草原生态补偿原则、补偿标准、补偿依据、补偿方式等方面的定性研究（张心灵等，2018），而且定量分析较少见且简单化，如在向当地牧民及生态移民进行支付和补偿时，国内一些学者侧重从短期外部损益的角度测算草原生态补偿的标准，却忽视中长期的综合损益（叶晗，2014）；在草原生态补偿的实践操作中，无视草地的退化程度实行补偿标准的“一刀切”政策，鲜少考虑牧民的机会成本（刘晓莉，2016）。在草原生态补偿运行机制的设计上，应以政府补偿为主、市场补偿为辅，扩大补偿主体的范围，将多种补偿形式相结合，充分调动社会各界保护草原生态环境的积极性（李静，2015）。草原生态补偿机制的有效设计对于减轻草原压力、保护和改善我国的草原生态环境（胡振通，2016）、切实提高牧民的福利水平产生了深远的影响。

关于草原生态补偿机制评价的研究。关于这方面的文献，主要是从宏观政策实施以及机制的运行层面展开研究。这些研究成果大多立足牧区草原生态环境的严重恶化、生态服务的无偿消费或者牧区落后的经济发展现状等实际情况，评估特定区域范围内的生态工程，对生态、社会和经济效益的总体提升状况和政策激励效果（Johst et al.，2015）。例如，李新文（2014）以甘肃省甘南藏族自治州为例，构建项目效益评价的多指标分析模型，对当地天然草原恢复项目的生态、经济、社会、景观以及环境等效益进行了评价，评价结果显示项目区的综合效益正在显著提升。再如，尹晓青（2017）在调研了内蒙古西部乌拉特后旗的牧户后，指出草原生态奖补机制从开始的方案制定到中期的政策执行，再到后期的实施效果等各个环节中出现的问题，并提出如何完善草原生态补偿机制的相关建议。还有学者认为，确立多元化补偿主体（巩芳，2015），改善草原生态补偿方式，优化综合效益评价指标体系，将有助于改善草原生态补偿机制，促进牧区社会的和谐发展。

7.1.2 草原生态补奖机制影响牧户福利变化的研究进展

如果存在能为当地居民提供生态系统服务，并将当地生态环境保护等外部效应内部化的激励机制，就会实现当地生态环境系统管理的科学性和有效性（Brendan et al.，2011）。于是，经济政策就成为近年来解决生态环境问题的主要手段，而其中的生态补偿可谓较有效的途径之一（张冬梅，2013）。生态补偿以及由此带来的生态恢复，能够提高人类的能力进而减缓贫困，改善人类的福利。恰恰就是这一经济因素而非其他，深刻影响了生态脆弱地区社会和当地居民的经济福利，并更进一步对非经济福利发挥了作用。因而生态补偿机制又被看作一种减缓贫困、提高福利的重要举措和长效机制。旨在恢复和维护草原生态系统平衡的草原生态补奖机制，就是通过对草原生态环境的保护行为和群体进行补偿，进而实现外部成本内部化的一种政策。诚然，作为一种经济政策，草原生态补奖政策虽然带有一定的经济色彩，但相比传统的环境命令，抑或是简单粗暴的控制污染等方式，草原生态补奖政策不可谓不是一种更为有效的生态保护措施。在草原生态补偿机制下，资金补偿的方式有助于提升草原生态脆弱地区牧户经济福利水平，对于提高牧区的生态福利乃至全社会的整体福利都至关重要（Dickinson，2007）。

草原作为生态系统的重要组成部分，其所创造的良好生态环境为人类提供了各种惠益。作为草原生态系统的保护者，牧民理所当然地成为草原生态补偿的主体。草原生态补偿机制直接关乎牧民的切身利益，关乎其生产生活的正常运转，改变了牧民的生计策略，影响着牧民福利的持续改善，因而也引起更多的学者把研究焦点聚集在草原治理的新政策、新项目给牧户带来的贫困和福利影响上（王晓毅等，2016）。于是，面对各种外在风险冲击下的草原脆弱性特质，遵循不破坏草原生态环境的基本前提，研究草原生态补奖机制带给牧户福利的影响，不仅关乎草原生态系统平衡的保持，更关系到牧户福利的提升以及牧民利益维系的长久之计，而这也成为解决草原生态补偿问题的关键所在。

然而，目前国内学者的相关研究较多停留在草原生态补奖机制带给微观牧户行为影响方面。胡振通（2016）利用牧户拥有草场的面积和质量、载畜量以及牧民生计资本等指标，采用实证研究方法分析牧民对草原生态补偿的受偿意愿，评估牧民在现行的补奖标准下对草原生态补偿政策偏好、参与者意愿及对政策的满意度。黄季焜（2018）从内蒙古的东部、中部、西部地区选取四个市（盟）作为调研地区，研究草原生态补奖机制给当地牧户非牧就业带来的影响。研究结果显示，补奖政策确实能促进牧户的非牧就业，其影响大小可以通过定量分析加以确定，并指出并非补偿金额越多就越好。事实恰恰相反，补贴资金额度太高反而会从负面影响非牧就业。杨春等（2018）以山西、新疆为例，运用回归模型分析草原生态补奖机制，能在一定程度上对牧户畜牧业生产规模扩大与否、扩大生产规模的大小等生产决策行为产生影响。韩枫等（2017）调查了甘南草原的牧户基本情况，借助分位数回归模型研究草原生态治理对农牧交错区、纯牧区牧户的收入及其生计状况的影响，发现样本牧户对传统的畜牧业、对草原生态补奖资金均表现出较高的依赖度，较难实现现有生计模式合理、有效的转型。

总体而言，草原生态补奖机制对于保障我国生态安全、改善草原生态环境、修复草原生态系统确实起到了一定的积极作用。与此同时，随着草原生态补奖机制的深入推进，牧户微观主体的生产生活行为已经悄然发生改变，进而给牧户的福利状况带来了深刻影响。但到目前为止，学术界对于草原生态补偿机制影响牧户福利的相关研究还较为少见。虽然已经有一些关于草原生态补奖机制影响牧户的生产决策行为、收入、非牧就业、生计状况等维度的相关成果，而且这些维度也确实包含在牧户福利的研究范畴之内，但很少有学者将上述问题都纳入同一个研究框架之内，即草原生态补奖机制下牧户福利问题的研究框架。

7.2 草原生态补奖机制下牧户福利影响因素的分位数回归

7.2.1 分位数回归法

在前文关于草原生态补奖机制下对牧户福利测度的研究基础上，为了深入分析草原生态补奖机制对牧户福利变化的贡献，减小草原生态补奖机制实施后牧户间的福利差距，需要具体分析草原生态补奖机制等因素对牧户福利变化带来的影响程度，揭示草原生态补奖机制实施前后牧户福利变化产生差异的因素。

本研究选用分位数回归（Quantile Regression）方法，在不同分位点处对草原生态补奖机制给牧户福利带来的影响大小进行估计。由 Koenker 等学者于 1978 年率先提出的分位数回归方法，是利用解释变量的各个分位数以获得被解释变量条件分布的对应分位数方程，并拟合回归曲线。比起常见的最小二乘法（OLS），分位数回归的显著优势，就在于不仅能较清晰地刻画出解释变量与被解释变量之间的关系，而且对异常值敏感度不高，特别是在扰动项呈非标准正态分布下的分位数，要比 OLS 统计值更多样且更有效，其结果的稳健性也更高。因此，本研究采用的该方法便于分析在条件分布的不同位置上，各因素影响大小、方向及变动趋势的差异。本研究具体的操作步骤为，以补奖牧户的福利为分位点，考察补奖牧户在不同福利分布区间上各要素的影响结果，记条件分布 $y \mid x$ 的总体 q 分位数 y_q（x_i）为 x_i 的线性函数，表达式为：

$$y_q(x_i) = \beta_q x_i' \tag{7-1}$$

其中，i 表示 Y 的 q 分位数；β_q 为 q 分位数函数的回归系数。当 $i=0.5$ 时，式（7-1）表示中位数回归函数。待估计参数 $\hat{\beta}_q$ 可根据令最小化加权的残差绝对值之和进行定义，最小的目标函数为：

$$\min_{\beta_q} \sum_{i:\ y \geqslant \beta_q x_i'}^{n} q \left| y_q (x_i) - \beta_q x_i' \right| + \sum_{i:\ y < \beta_q x_i'}^{n} (1-q) \left| y_q (x_i) - \beta_q x_i' \right| \tag{7-2}$$

其中，$\beta_q x_i'$ 代表第 i 个估计值。且令 $q=1/2$，则（7-2）式进一步可简化为：

$$\min_{\beta_q} \sum_{i=1}^{n} \left| y_q (x_i) - \beta_q x_i' \right| \tag{7-3}$$

式（7-3）也被称为“最小绝对离差估计量”，由于分位数回归的目标函数出现绝对值，故通常采用线性规划的方法对 $\hat{\beta}_q$ 进行估计，对于 q 分位数回归的拟合优度则使用准 R^2 进行度量，即：

$$1 - \frac{\sum_{i:\ y \geqslant \beta_q x_i'}^{n} q \left| y_q (x_i) - \beta_q x_i' \right| + \sum_{i:\ y < \beta_q x_i'}^{n} (1-q) \left| y_q (x_i) - \beta_q x_i' \right|}{\sum_{i:\ y \geqslant \hat{y}_q}^{n} q \left| y_q (x_i) - \hat{y}_q \right| + \sum_{i:\ y < \hat{y}_q}^{n} (1-q) \left| y_q (x_i) - \hat{y}_q \right|} \tag{7-4}$$

其中，$\hat{y}_q$ 表示样本 q 分位数。

7.2.2 计量模型及变量定义

因为本书主要研究草原生态补奖机制下牧户家庭福利变化的影响因素，所以主要包括补奖牧户当年获得的草原生态补奖资金量、牧户对于补奖机制的总体满意度这 2 个核心变量。草原生态补奖机制的设计初衷，是希望借助禁牧补助、草畜平衡奖励等政策措施，引导牧户积极进行减畜，确保牧区的牲畜数量控制在合理载畜量范围内，以达到草原生态系统恢复和牧户增收的双赢。因此，本研究将牧户获得的草原生态补奖资金量、牧户对于草原生态补奖机制的总体满意度等 2 个变量引入回归模型中，旨在分析草原生态补奖资金数额的大小、牧户关于补奖机制的总体满意程度变量对牧户福利影响的显著性水平。一般而言，补奖资金数额越大，牧户因非牧收入的提升所获得的经济福利越大，进而又影响了牧户的非经济福利，牧户总福利得以提升的可能性就越高；牧户对于补奖机制的总体满意程度越高，说明草原生态补奖机制对于改善牧户生活质量、提升牧户的福利水平具有积极的正向拉动作用。因而上述 2 个变量的预期变动方向为正向。

为了有效检验上述理论假说，基于分位数回归原理以及相关文献，本研究构建如下模型：

$$Welfare = \alpha_0 + \alpha_1 Amount + \alpha_2 Satisfaction + \beta \sum cont + \varepsilon \quad (7-5)$$

模型（7-5）中，被解释变量 *Welfare* 表示第 i 个补奖牧户家庭福利的对数值，核心解释变量反映的是草原生态补奖特征，包括变量 *Amount* 和 *Satisfaction*，前者表示草原生态补奖牧户当年实际获得的草原生态补奖资金数量，后者表示牧户对草原生态补奖机制的总体满意度。由于影响牧户家庭福利的因素复杂多样，需要设置相应的控制变量，此处除了前文中的大部分异质性因素外，还选取其他因素设置控制变量。*cont* 即影响补奖牧户福利的其他控制变量：一是户主及其家庭基本特征变量，包括对户主年龄、户主受教育程度、家庭生计多样性和人均草场面积等 4 个变量进行测度。二是区域经济特征变量，本研究以经济发展水平中等的锡林郭勒盟为参照，按照高经济发展水平与低经济发展水平两个类型地区的区域虚拟变量进行测度。α_0 为常数项；$\alpha_i(i = 1, 2)$、β 是待估参数；ε 为模型的随机干扰项。所有变量的定义及其描述性统计如表 7-1 所示。

表 7-1 变量定义及描述性统计

变量	指标及符号	变量定义及赋值	均值	标准差
被解释变量	补奖牧户福利的对数值（*Welfare*）	补奖后牧户福利模糊综合评价值的对数	0.16	0.11
解释变量	草原生态补奖资金量（*Amount*）	牧户当年获得的草原生态补奖资金量（元）	21761.11	24855.89
	牧户对补奖机制的总体满意度（*Satisfaction*）	非常满意=5；比较满意=4；一般=3；不太满意=2；很不满意=1	3.12	0.91

续表

变量		指标及符号	变量定义及赋值	均值	标准差
控制变量	户主及家庭基本特征	户主年龄（*Age*）	户主的实际年龄	45.80	12.74
		户主受教育程度（*Education*）	高中以上=5；高中=4；初中=3；小学=2；文盲=1	2.82	0.81
		家庭生计多样性指数（*Livelihood*）	家庭成员从事五项及以上生计活动=5；从事四项生计活动=4；从事三项生计活动=3；从事二项生计活动=2；仅从事一项生计活动=1	1.56	0.82
		人均草场面积（*Per-Land*）	牧户家庭人均草场面积（亩）	1156.56	1375.96
	区域经济特征	高经济发展水平（鄂尔多斯市）（*High-District*）	鄂尔多斯市=1；否则=0	0.35	0.47
		低经济发展水平（呼伦贝尔市）（*Low-District*）	呼伦贝尔市=1；否则=0	0.31	0.46

注：2016年鄂尔多斯市、锡林郭勒盟和呼伦贝尔市的人均GDP分别为21.55万元、10.01万元和6.41万元。

7.2.3 补奖牧户福利的影响因素分析

为详细考察草原生态补奖机制对牧户家庭福利的影响，本研究基于实证模型及相关变量分别给出Q0.10、Q0.25、Q0.50、Q0.75和Q0.90五个代表性分位点的回归结果，并给出最小二乘法（OLS）的回归估计结果，以便更好地比较两种计量方法的差异，分析结果如表7-2所示。从回归结果来看，OLS回归主要观测的是变量影响的显著性及系数值，但难以从中获得更多信息。事实上，各个影响因素对草原生态补奖机制实施后牧户的福利，在不同分位数处的影响系数并非固定不变，而是随着分位数的变化，各自变量对补奖牧户福利的影响呈现出不同的变化趋势，且自变量的显著性也随之发生改变。

表 7-2 补奖牧户福利的分位数回归结果

解释变量	OLS 估计	分位数回归估计				
		θ=0.10	θ=0.25	θ=0.50	θ=0.75	θ=0.90
		最低福利	中低福利	中等福利	中高福利	最高福利
Amount	0.3625*** (0.000)	0.6628*** (0.000)	0.4351*** (0.000)	0.2863*** (0.000)	0.1517*** (0.000)	0.0820*** (0.000)
Satisfaction	0.3218** (0.012)	0.0738* (0.063)	0.2675** (0.028)	0.3242*** (0.000)	0.4561*** (0.000)	0.7637* (0.076)
Age	−0.0240 (0.134)	−0.0123 (0.152)	−0.0274 (0.107)	−0.0315 (0.228)	−0.0453 (0.391)	−0.0241 (0.175)
Education	0.0024 (0.184)	0.0102* (0.053)	0.0163 (0.109)	0.0286 (0.297)	0.0067* (0.091)	0.0032 (0.436)
Livelihood	0.0251** (0.031)	0.0160 (0.164)	0.0182** (0.018)	0.0205** (0.023)	0.0314* (0.055)	0.0267 (0.221)
Land	0.0299*** (0.001)	0.0135*** (0.000)	0.0275*** (0.000)	0.0594** (0.022)	0.1364** (0.017)	0.2463* (0.059)
High-District	0.0361* (0.084)	0.0154 (0.132)	0.0281* (0.096)	0.1089** (0.015)	0.0301 (0.172)	0.0276 (0.354)
Low-District	−0.0292 (0.227)	−0.0162* (0.061)	−0.0192 (0.226)	−0.0273 (0.140)	0.0405 (0.292)	0.0297 (0.635)
Constant	3.0410*** (0.000)	0.2175* (0.064)	2.0281** (0.033)	4.0346** (0.028)	5.0605*** (0.000)	7.1349*** (0.000)
拟合优度	0.43	0.45	0.36	0.21	0.17	0.18
N	449	449				

注：括号外的数值为该变量的估计系数，括号内的数值为 P 值。*、**、***分别表示10%、5%、1%的显著水平。

由补奖牧户福利变化的分位数回归结果可知，变量系数在各个分位点处的变化趋势迥然各异，且与 OLS 回归方法的系数值也表现出明显差别。不同分位点上各个变量对补奖牧户福利的影响，主要表现为以下几个方面。

7.2.3.1 草原生态补奖机制对补奖牧户福利的影响

(1) 草原生态补奖资金量对补奖牧户福利的影响

分位数回归与 OLS 回归结果均显示出，草原生态补奖资金量对补奖牧户福利的影响非常显著，即草原生态补奖资金量对补奖牧户福利有着显著的正向影响（见表 7-2）。草原生态补奖资金量对补奖牧户福利的影响在各个分位数上均显著，并且变量系数均为正值，只是大小不一。草原生态补奖资金量的多少，对不同福利状况的牧户福利发挥着不同的促进作用。利用图 7-1 刻画在 97 次分位数回归中草原生态补奖资金量系数的变化走势，进一步分析草原生态补奖资金量变量对补奖牧户各福利分位点处影响的不同状况。总体来看，草原生态补奖资金量变量系数从低分位向高分位总体呈现出“递减”的趋势。从草原生态补奖资金量对牧户福利的影响系数变化情况来看，当样本牧户的家庭福利位于各分位时，其系数在 1%的显著性水平下均为正，对牧户家庭福利具有正向影响，边际影响系数分别为 0.6628、0.4351、0.2863、0.1517 和 0.0820。由此可见，随着调查牧户家庭福利水平的提高，草原生态补奖资金量对其影响的程度也在减弱。整体而言，草原生态补奖资金量对中低以下福利水平的牧户家庭福利的影响程度最大。

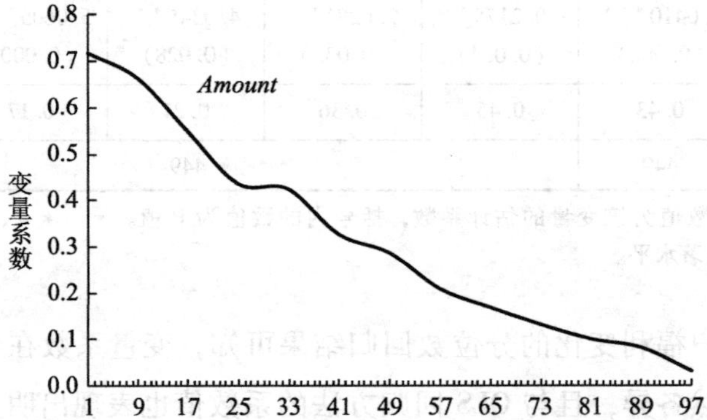

图 7-1 草原生态补奖资金量变量的分位数回归系数变化趋势

草原生态补奖资金量对牧户福利的促进作用不一而足，可能的原因在于：首先，处于不同福利水平的调查牧户拥有的草场面积、草地类型大相径庭，他们所获得的草原生态补奖资金量各不相同。其次，处于不同福利分位的牧户，所面临的生计资产状况也不尽相同，对草原生态补奖资金的依赖程度及其用途差异较大，因而受到的影响各异。由于牧户所关注的福利状况改善，更多表现为即期的消费、费用支出等能力的提高，而对远期的预期收益却并不敏感。处于福利最低、中低层次牧户取得的草原生态补奖资金，其用途主要在即期的生活消费性支出方面，包括家庭成员教育开支、医疗费用、人情往来支出、大件消费品添置等刚需，而对未来生产性收益大多时候影响较小。对上述当期刚性需求的满足恰恰正是牧户福利改善的主要体现，因而草原生态补奖资金变量对较低福利层次牧户的影响程度最深；处于中等福利分位的牧户，草原生态补奖资金的用途既包括生活性支出，又涉及购置畜牧业生产资料等生产性支出。相较于低福利分位的牧户而言，处在中等福利分位的牧户随着生产性支出的增加，在一定程度上提高的是草原生态补奖资金的预期收益而非当期效用，草原生态补奖资金变量对中等福利层次牧户的影响程度减弱；处于中高福利层次的牧户，由于其自身的资本积累、生计资产足以满足家庭生活中出现的消费性支出，草原生态补奖资金多用于未来具有较高预期收益的生产性支出，如扩大畜牧业生产规模，因而也降低了草原生态补奖资金的福利拉动作用；而处在 Q0.90 福利分位后的牧户，由于整体福利水平较高，对草原生态补奖资金的需求和依赖均相对较小，这类牧户获得其他资金的能力最强，使草原生态补奖资金对福利水平最高牧户的福利促进作用降到底部。由此可见，草原生态补奖资金主要影响的是中低以下福利状况的牧户。

（2）牧户关于草原生态补奖机制的总体满意度对补奖牧户福利的影响

牧户对草原生态补奖机制总体满意度的分位数回归与 OLS 回归结果表明，牧户对草原生态补奖机制的总体满意程度越高，在草原生态补奖机制实施后牧户的福利水平越能得以改善，补奖牧户的福利变化方向为正。如表 7-2、图 7-2 所示，草原生态补奖机制的牧户满意度变量分位数回归的系数值变化趋势呈现出“增加—平缓—增加”的趋势，且所有分位数系数值皆大于 OLS 回归的平均值。从草原生态补奖机制的牧户总体满意度对牧户福利影响系数的变化情况来看，当样本牧户的家庭福利位于各分位时，其系数在10%、5%和1%的显著性水平下均为正，这说明补奖机制的牧户总体满意度对牧户家庭福利变化具有正向影响，边际影响系数分别为0.0738、0.2675、0.3242、0.4561、0.7637。因此，补奖牧户对草原生态补奖机制的总体满意度越高，其在草原生态补奖后的福利水平越能得到提高，其福利状况优于补奖前的幅度就越大。

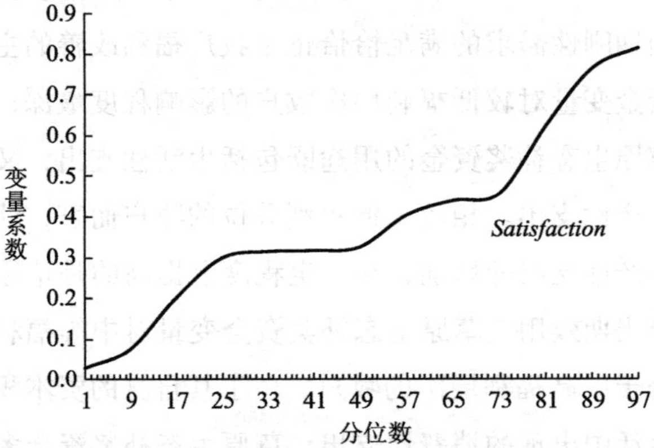

图7-2 牧户对草原生态补奖机制总体满意度变量的分位数回归系数变化趋势

7.2.3.2 户主及其家庭基本特征对牧户福利的影响

传统OLS回归结果显示，户主年龄虽然对补奖牧户福利的影响并不显著，但负的系数值说明户主年龄变量对补奖牧户的福利产生了负向影响。分位数回归结果显示，户主年龄变量对牧户福利的影响在各个分位数上均不显著，变量系数皆为负值。OLS回归和分位数回归结果均表明，户主年龄对补奖牧户福利具有一定程度的负向拉动作用，即户主年龄越大的牧户，其福利水平相对越低。

户主受教育程度OLS回归系数值为正，说明户主受教育程度越高的牧户利用其他生计方式取得收入的可能性相对越大，就越能增加草原生态补奖机制实施后牧户的福利水平（见表7-2）。户主受教育程度对调查牧户的福利具有正向影响，但仅在Q0.10和Q0.75分位点上具有显著性，在Q0.25、Q0.50、Q0.90分位点上的影响却不显著。户主年龄和户主受教育程度2个变量对调查牧户的福利分别有负向、正向的影响，这说明作为劳动力的户主年龄越趋于青壮年，受教育程度越高，则补奖牧户在草原生态补奖机制实施后获得非牧就业机会的可能性就越大，其在补奖后的福利水平就越容易得到改善。

家庭生计多样性指数变量在对调查牧户福利的影响上，OLS 回归结果显著，在各个分位数上其系数符号均为正，在 Q0.25、Q0.50 和 Q0.75 分位点上具有显著性，这说明家庭生计多样性指数的大小，对于调查牧户在草原生态补奖前后的福利具有积极的正向拉动作用。家庭生计多样性指数越高的牧户，牧户家庭的生计方式越多元化，对草场的依赖度相对就会越低，牧户通过草场以外的其他方式养活自己的能力就会越强，牧户在草原生态补奖后的福利水平更易得到显著增加。从系数变动情况来看，当牧户福利高于 Q0.25 分位点时，家庭生计多样性指数的提高会提升调查牧户的福利水平；在 Q0.75、Q0.90 分位点处，家庭生计多样性指数的分位数回归系数对补奖牧户福利的影响程度要比 OLS 回归结果更大。总体上看，家庭生计多样性指数对补奖牧户福利的影响，在各分位数回归系数值的变化趋势上呈现出“先增加后减少”的走势。因此，家庭生计多样性指数对补奖牧户福利的提升起到较大的促进作用，但还需协同完善其他配套措施才能使其发挥的效用达到最大。

人均草场面积变量对牧户的福利有着显著影响，该结论从 OLS 回归到各分位回归结果显示都是一致的。从人均草场面积变量的影响来看，在各分位数上其对调查牧户的福利影响具有显著性，且系数均为正。这一结果表明，人均草场面积变量对牧户的福利起着重要作用，人均草场面积越大的牧户意味着他们所拥有的生计资本越多，抗风险能力相对更强，生计的脆弱性就更低，完成草原生态补奖机制所要求的减畜任务的概率更高（靳乐山，2013）。

7.2.3.3 区域经济特征对牧户福利的影响

OLS 回归结果表明，以经济发展水平中等的锡林郭勒盟为参照，鄂尔多斯市经济发展水平相对较高，表征该地区的虚拟变量的系数显示为正值，且在 10%的水平上显著，这表明补奖牧户所在地区经济发展水平越高，草原生态补奖后牧户福利水平越容易得到提升，牧户的福利变化也越能向正的方向发展。分位数回归的显著性较差，仅在 0.25 和 0.50 分位点上显著，且系数值有下降趋势。这说明，草原生态补奖后经济发展水平较高的地区，对中低分位数上的补奖牧户福利产生的边际效应要更大一些。在前文中，关于补奖牧户福利水平的测度结果也显示，补奖机制实施后鄂尔多斯市样本牧户福利水平的增长幅度达到了6.74%，而锡林郭勒盟仅为5.83%。由于经济发展水平较高，鄂尔多斯市政府对草原生态补奖牧户的教育与培训、医疗与社保等公共服务的资金投入力度，要明显大于内蒙古的其他盟市。同时，地区的经济发展水平越高，越能吸引社会资本流入牧区，补奖后牧区的劳动力更易在当地找到适宜的非牧就业岗位，有效提高了牧户家庭的非牧收入。因此，经济发展水平高的鄂尔多斯市样本牧户，其福利水平提升幅度更大。

以经济发展水平中等的锡林郭勒盟为参照，呼伦贝尔市经济发展水平较低，OLS 回归结果显示，表征该地区的虚拟变量的系数符号为负，但未通过显著性水平检验，这表明地区经济发展水平越低，草原生态补奖后牧户福利水平越难得到改善。前文中牧户福利水平的测度结果显示，补奖后呼伦贝尔市样本牧户的福利水平增幅仅为2.86%，在三个地区中最小。可能的解释是，与锡林郭勒盟相比，呼伦贝尔市政府在补奖后对补奖牧户的教育、培训、医疗、社保等方面的资金投入匮乏，牧户享受的公共服务水平相对其他两个盟市较低。因此，补奖后经济发展水平较低的呼伦贝尔市牧户的福利水平提升幅度最小。

7.3 本章小结

作为本研究的核心章节，本章根据第 5 章、第 6 章研究分析，即补奖前后牧户福利的绝对水平、牧户整体福利差异及牧户内部福利分配差异测度结果，对草原生态补奖机制下牧户福利的影响因素进行分析。

在本研究中，首先阐述草原生态补奖机制对牧户福利影响的研究进展。其次，运用 OLS 回归和分位数回归方法对草原生态补奖机制下样本牧户福利的影响因素进行分析。选取的解释变量，主要包括补奖牧户当年获得的草原生态补奖资金量、牧户对于补奖机制的总体满意度 2 个核心变量。此外，选取其他因素设置为控制变量，包括户主及其家庭基本特征变量和区域经济特征变量。经研究得出下列结论：

一是分位数回归与OLS回归结果均显示出，草原生态补奖资金量对牧户福利的影响非常明显，亦即草原生态补奖资金量对牧户福利有着显著的正向影响。总体来看，草原生态补奖资金量变量系数从低分位向高分位总体呈现出“递减”的趋势。从草原生态补奖资金量对牧户福利的影响系数变化情况来看，当样本牧户的家庭福利位于各分位时，其系数在1%的显著性水平下均为正，对牧户家庭福利具有正向影响，边际影响系数分别为0.6628、0.4351、0.2863、0.1517和0.0820。

二是牧户对草原生态补奖机制总体满意度变量的分位数回归与OLS回归结果表明，牧户对补奖机制总体满意度越高，在草原生态补奖后牧户的福利水平就越能得以改善，补奖牧户的福利变化方向为正。大体上，草原生态补奖机制的牧户总体满意度变量分位数回归系数值的变化趋势呈现出“增加—平缓—增加”趋势，且所有分位数系数值皆大于OLS回归的平均值。当样本牧户的家庭福利变化位于各分位时，其系数在10%、5%和1%的显著性水平下均为正，这说明补奖机制的牧户总体满意度对牧户家庭福利具有正向影响，边际影响系数分别为0.0738、0.2675、0.3242、0.4561、0.7637。

三是户主及其家庭基本特征中户主年龄、户主受教育程度、家庭生计多样性指数和人均草场面积等4个变量中，只有人均草场面积变量OLS回归和分位数回归中牧户福利的影响均表现出一定的显著性。其余三个变量中，传统OLS回归与分位数回归结果显示，户主年龄对补奖牧户福利的影响并不显著；家庭生计多样性指数变量在对调查牧户福利的影响上，OLS回归结果为显著，且在Q0.25、Q0.50和Q0.75分位点上其系数具有显著性；户主受教育程度变量的OLS回归不显著，分位数回归模型中仅在Q0.10和Q0.75分位点上系数具有显著性。

四是区域经济特征中，高经济发展水平变量仅在OLS回归中对补奖牧户的福利有显著影响，而在分位数回归中各分位未通过显著性水平检验。低经济发展水平变量在OLS回归和分位数回归模型中，其系数均不显著。

8 研究结论与政策建议

本研究基于森的可行能力理论框架，从牧户的功能性活动角度探索草原生态补奖机制下牧户的多维福利构成、水平测度以及牧户福利差异状况。从第3章至第7章，先后从理论、实证的层面，剖析了牧户在草原生态补奖机制实施前后牧户总体福利绝对水平的变动。在此基础上，进一步对牧户福利相对差异及其影响因素加以研究。总体来看，根据第3章经济学理论分析、第4章牧户在补奖前后功能性活动的调查统计分析、第5章补奖前后牧户福利的模糊评价结果，无论是在理论上还是实践中，草原生态补奖机制均对补奖牧户福利绝对水平的改善有一定的正向影响，对补奖牧户福利的提升起到了促进作用，该结论也验证了本书在第3章提出的研究假设。但不可否认的是，补奖机制实施前后牧户福利的这种变动并不十分明显，牧户总体福利的绝对水平依然较低。在接下来的分析中，利用功能性活动隶属度分布、异质性因素考察补奖牧户福利的整体差异，借助洛伦兹曲线和基尼系数测度牧户内部福利分配差异，通过OLS回归与分位数回归对比分析牧户福利差异的影响要素，这些分析内容在第6章、第7章中均有所体现。根据上述研究内容得出的研究结论，形成草原生态补奖机制下牧户多维福利改进的公共政策启示。

8.1 研究结论

8.1.1 基于可行能力理论的家庭福利分析框架适用于补奖牧户福利差异问题研究

基于可行能力理论的家庭福利分析框架，对研究草原生态补奖机制下牧户的福利差异问题具有较高适应性、可行性。这是因为可行能力理论框架下的家庭福利思想，不仅涵盖了传统的“理性经济人”的衡量标准，更能深入与微观经济主体密切相关的生活领域各方面进行考量，深刻反映草原生态补奖机制下牧户现实的福利状况与诉求。而且，可行能力理论框架下的家庭福利思想，更加注重研究对象实质性的自由，充分尊重牧民的意愿，体现了国家“以民为本”的执政理念。可行能力理论框架下的家庭福利思想，不仅是在哲学思辨领域里的智慧结晶，更深深根植于社会现实的沃土之中，在理论界已有的相关实证分析案例与可研成果背景下，为研究草原生态补奖机制下牧户家庭福利差异问题，并据此构建补奖牧户家庭福利改进的政策框架，提供了一定的现实依据。

8.1.2 科学、合理地构建草原生态补奖机制下牧户家庭福利测度的理论模型

本研究在森的可行能力理论视角下，通过入户调查，与牧户户主的全面沟通交流，与各相关主体（包括牧户、嘎查领导及行政管理人员）的半结构化深度访谈，结合微观主体福利的理论文献，提炼出草原生态补奖机制下牧户家庭福利测度的理论框架内核，涵盖牧户组织生产与家庭收入、教育培训与发展机遇、社会保障、闲暇交往与环境评价、社会公平以及身体状况与心理感受等6个福利维度。在此基础上，综合牧户的生产、生活实际情况，提取出20个因子，用以测算草原生态补奖机制实施前后牧户家庭福利状况。

8.1.3 草原生态补奖机制下补奖牧户福利水平虽有提高但仍有改进的空间

利用成本收益分析法、埃奇沃斯盒状图分析法，从经济学理论分析层面指出草原生态补奖机制有助于提高牧户乃至全社会居民的福利水平。内蒙古东部、中部、西部牧业旗县中449个牧户福利测算结果显示，草原生态补奖机制实施前牧户的总福利值为0.438，草原生态补奖机制实施后牧户的总福利值为0.455，福利变化方向为正。补奖后牧户的福利在某些维度上得到一定程

度的改善，这种改善体现为补奖牧户家庭的教育培训与发展机遇、社会保障、组织生产与家庭收入、闲暇交往与环境评价等4项功能性活动福利水平的提升，而社会公平、身体状况与心理感受等2项功能性活动福利水平却拉低了牧户的总体福利。草原生态补奖机制在一定程度上使补奖牧户福利水平有所提升的研究结论，验证了本研究在第3章经济学理论分析时所提出的核心研究假设。总体上讲，草原生态补奖机制实施前后的牧户福利绝对水平的变化不明显，牧户总福利变动仅为0.017，这表明草原生态补奖机制对提高牧户福利的贡献并不突出，补奖机制实施后牧户的总体福利依然不高，还处于中等偏低水平，草原生态补奖机制下牧户的福利仍有一定改进空间。

8.1.4 草原生态补奖机制实施后牧户的福利差异正在加大

关于草原生态补奖机制实施前后牧户整体福利差异的测度。首先，通过福利的各项功能性活动隶属度分布情况可知，牧户的整体福利总指数呈现出“中间大、两头小”的“类正态”分布趋势。实施草原生态补奖机制后，总体样本中处于最差福利状态的牧户（0.000<隶属度<0.400）比例从补奖前的3.34%增加到了补奖后的25.84%，总福利状况较好（隶属度>0.5）的牧户比例由补奖前的27.39%扩大到了补奖后的30.07%。其次，在不同异质性因素影响下，对补奖牧户的整体福利差异进行了扩展分析，研究结果显示：与禁牧型样本牧户相比，草畜平衡型样本牧户的福利水平更高；牧户的受教育程度越高、生计多样性指数越大、人均草场面积越广、地区经济发展越快，牧户的福利状况越好。

关于草原生态补奖机制实施前后牧户内部福利分配差异的测度。借助洛伦兹曲线、福利基尼系数，测算实施草原生态补奖机制前后牧户内部福利的分配差异。实证分析结果显示，与补奖前相比，草原生态补奖机制实施后牧户福利的洛伦兹曲线向右下方更突出，补奖后牧户福利基尼系数的数值比起补奖前变得更大。由此可见，补奖后牧户间福利差异在加剧，牧户福利的分配差距正在加大。

8.1.5 草原生态补奖机制下牧户福利差异受多种因素的影响

运用 OLS 回归和分位数回归方法，对草原生态补奖机制下样本牧户福利的影响因素进行研究。其中，为考察草原生态补奖机制对牧户福利的影响，本研究选取包括补奖牧户当年获得的草原生态补奖资金量、牧户对补奖机制的总体满意度 2 个指标作为解释变量，选取反映户主及其家庭基本特征、区域经济特征的指标作为控制变量。实证结果显示，2 个解释变量均对补奖牧户的福利有着显著的正向影响，而控制变量对补奖牧户福利的影响表现各异。主要体现在以下方面：一是分位数回归与 OLS 回归结果均显示出，草原生态补奖资金量对补奖牧户福利的影响非常明显，即草原生态补奖资金量对补奖牧户福利有着显著的正向影响。总体来看，草原生态补奖资金量变量系数从低分位向高分位呈现出“递减”趋势。从草原生态补奖资金量对牧户福利的影响系数变化情况来看，当样本牧户的家庭福利位于各分位时，其系数在 1% 的显著性水平下均为正，对牧户家庭福利具有正向影响。二是牧户对补奖机制总体满意度的分位数回归与 OLS 回归结果表明，牧户对补奖机制总体满意度越高，在草原生态补奖机制实施后的福利水平就越能得以改善，补奖牧户的福利变化方向为正。大体上，草原生态补奖机制的牧户总体满意度变量分位数回归系数值的变化趋势，呈现出“增加—平缓—增加”的趋势，且所有分位数系数值皆大于 OLS 回归的平均值。三是户主及其家庭基本特征中，在户主年龄、户主受教育程度、家庭生计多样性指数和人均草场面积变量等 4 个变量中，只有人均草场面积变量 OLS 回归和分位数回归中牧户福利的影响均表现出一定的显著性。四是区域经济特征中，仅高经济发展水平地区变量在 OLS 回归中对补奖牧户的福利有显著影响，而在分位数回归中各分位数未通过显著性水平检验。

8.2 政策建议

基于上述研究结论，本研究提出相应的政策建议，为草原生态补奖机制的有效实施、补奖牧户福利水平的持续提高、补奖牧户间福利差距的缩小，提供可靠的理论支撑与可行的现实依据。

8.2.1 补奖标准要适当提高，动态调整机制要逐步建立

草原生态补奖机制下补奖牧户福利状况虽然有所改善，但整体福利水平依然不高，仍有改进的空间。根据表 7-2 可知，草原生态补奖资金量显著影响样本牧户的福利。牧户家庭当年取得的草原生态补奖资金量的多少，取决于当地的草原生态补奖标准的高低。2016 年，内蒙古实施的新一轮草原生态补奖标准，是基于 2011 年首轮补奖机制的补奖标准上浮一定比例后确定下来的，其中禁牧补助标准比首轮上浮了 25%，草畜平衡标准上浮 66.67%。虽然二期补奖机制中的补奖标准比一期有所提高，但草原生态补奖标准的确定依然与牧民的真实意愿不相符，现行的补奖标准与牧民的心理补奖标准预期仍有一定的差距，较低的补奖标准既不利于激发牧民参与的积极性，也不利于牧户整体福利状况的持续改善。例如，禁牧区的牧户因其承包的草牧场被全部或大部分划入禁牧区域内，严重影响了该类牧户的生产生活，而较低的禁牧补助离牧民的真实意愿相差较大，致使牧户较难应对未来发展过程中可能出现的风险冲击。

补奖资金的地域差异明显，牧户福利的差距拉大。尽管在两轮草原生态补奖机制推进过程中，本着公平、公正的原则在全区范围内均采取了标准亩、保底封顶等举措，但是由于地域跨度大、区域间差异显著，不同盟市的气候条件、草地的生产力、牲畜饲养结构以及人均草场面积等诸多因素迥然不同，草原生态补奖标准的地区差异性显而易见。在调查过程中发现，无论依据哪种补奖计算标准，不同调研地区的禁牧补助标准差异都仅在 2.88 元之内、草畜平衡奖励差异在 7.38 元之内。补奖标准虽已表现出地区差别，但这

种差异却不明显，不足以在补奖标准上体现出地区间实际的巨大差异。此外，价格变动因素也会影响牧户的福利。由于牧民的生产生活成本随着社会商品价格的变动而不断变化，所以现行的补奖标准一经确定便在补奖周期内固定不变，不能按照当期物价水平的波动进行调整，这就使得补奖政策效果大打折扣。例如，与政策实施初期的2011年相比，2016年牧区的牲畜价格大约上涨了1/2以上，此时牧户若再按照以往补奖的要求减少牲畜饲养量而补偿标准却没有跟上，就会给牧户带来较大的经济损失。

综上所述，本研究认为应适当提高补奖标准，明显体现出地域差异，建立起动态灵活的、差别化的补奖标准测算与调整机制，以期缩小牧户福利差异的同时稳步提升牧户的福利。为此，可以参考以下几个方面。

第一，补奖标准的高低取决于草原生态系统服务的需求方（政府）与草原生态系统服务的供给方（牧户），只有充分考虑双方补奖意愿，在他们共同决定下的补奖标准才能同时满足供需双方的诉求。因而补奖标准的确定应建立在能弥补牧户在草场被限制性放牧后由于牲畜饲养量的减少所遭受的损失基础之上（康晓虹，2018）。

第二，学习全国其他省份差别化补奖标准的成功实践经验，建立起差别明显的草原生态补奖标准。例如，甘肃省分别按青藏高原区、西部荒漠区和黄土高原区等三个区域，执行差别化的草畜平衡奖励机制。在制定差别化的草畜平衡奖励标准过程中，该省将多方面因素考虑其中，最为看重的是草场本身的承载能力、现有的超载程度及其相应的减畜任务，其次是牧民所拥有的草场资源禀赋（包括草地类型、户均承包的草场面积）及牧户对牧业的依赖程度。因此，内蒙古在制定草原生态补奖标准时，可以参照甘肃省的做法，根据不同区域天然草场的面积分布特点、生态价值和生态贡献度、草场生产力及其载畜能力、牧户生产习惯以及地区发展等因素，划分草原生态补奖区域，制定差别明显的草原生态补奖标准。对那些必须禁牧的牧户，应进一步提高补助标准；对那些超载程度深、减畜任务大的牧户，草畜平衡的奖励标准也需适当提高；而对那些承包草场面积广、草地的生产力强的牧户，草畜平衡的奖励标准就应适当调低；对那些畜牧业的依赖程度重、牧业收入居牧户收入主体地位，且草场规模较小的牧户，草畜平衡奖励标准也应适当提高。

第三，补奖标准应与牲畜产品、畜牧业生产资料的市场价格变化趋势相一致。适当缩短补奖标准的适用周期，建立草原生态补奖标准与当期生产资料价格相挂钩的联动机制。

第四，全区草原生态补奖机制的实践表明，标准亩、保底封顶等措施适合大部分补奖地区，可以继续推行。针对那些地处相对不利地理位置、草场生产力较低、承包面积规模较小等特殊类型的草场，要出台因地制宜的补奖方案，在提高补奖标准的同时，采取措施鼓励、帮助牧户进行适宜的家庭生计转型。必须看到，草原生态补奖标准并非越高越好，不是补奖资金规模越大，牧户的非牧生计状况越能得到改善，牧户的家庭福利水平就越高。在调查过程中发现，过多的补贴反而会适得其反，会给部分牧户的非牧就业带来消极、负面的影响，使牧户变得更加好逸恶劳。因此，对于那些户均草场规模较大的牧区，可以学习美国等西方发达国家的做法，在制定牧户补奖金额上限的同时，把节省的经费转而投向那些愿意积极创业或尽力实现转业的牧户，以信贷优惠、就业扶持等措施进行鼓励，以便引导牧户实现生计方式的积极转型。

8.2.2 牧户参与补奖的机制要完善，牧户参与补奖的意愿要提高

公众的参与及配合，是确保草原生态补奖机制持续有效推进的重要基础和前提条件。在调研过程中发现，当前在草原生态补奖机制实施过程中，部分牧户不能通过有效途径参与到草原生态补奖机制的意见征询环节中，牧户参与政策出台和修定的相关机制还不完善，无法表达其真实诉求，这种缺乏广泛公众意见征询的草原生态补奖机制，更易诱发牧户的不满进而降低补奖的效果。因此，草原生态补奖机制实施进程中建立保障牧户广泛参与的规章和组织，通过多种方式尽可能地广泛征求牧户关于草原生态补奖机制的意见，确保牧户的参与权得到充分体现，不仅能够切实反映牧户对草原生态补奖政策的实际心声，保障补奖机制的顺利推进，而且更能提升牧户被尊重的

心理福利。只有牧户的知情权、参与权得到充分行使时，才能提高牧户对草原生态补奖机制的参与意愿及其总体满意度，充分发挥草原生态补奖机制对牧户福利的促进作用，确保草原生态系统的可持续发展。

8.2.3 福利改进的程序要公平与效率兼顾，福利改进的方式要合理适度

牧区福利公共政策演进的基本理念，在于尽可能实现效率与公平的兼顾。过程标准与结果标准是检验一项政策是否具有效率的两个准则，唯有过程与结果兼具的政策才是最具效率的政策选择。而起点标准与结果标准则是考量一项政策公平与否的两个尺度，只有兼顾起点公平与结果公平的政策才是最能体现公平的政策选项。那么，是否这就意味着起点公平与结果公平同等重要呢？显而易见，起点公平比结果公平更为重要，这与森所主张的起点公平理念不谋而合。在森看来，所谓的起点公平就是将人际差异因素充分考虑到从资源到能力再到功能转化的初级阶段，是实现功能性福利人人平等，达成人类实质自由目标的必然选择。其原因在于个人异质性差异的客观存在，决定了不同的人在获取相同的功能和能力时所动用的资源及其转化的效率大相径庭。因此，在“资源—能力—功能”从资源分配到功能转化的初始阶段，就要结合微观个体差异进行综合考察。

当前，对不同效率的创造者给予差别化的报酬，符合市场经济的效率原则，本质上属于过程公平，但其在经济社会运行中的客观结果却带来了社会的不公平，相对贫困和福利差距由此而生。事实上，贫困并不仅限于收入的不足，收入的缺乏只是贫困的表现或结果之一，贫困的根源在于人的基本能力的缺失，在于起点的不平等。森（2000）就曾指出，贫困本质上是对人类基本生存、发展能力以及相应权利的剥夺，而不能简单地理解为收入低下。诚然，致使贫困人群的收入获取能力丧失的重要因素包括收入不足，但并非全部，而疾病、社会保障体系低效乏力、人力资本匮乏、社会歧视不公等现象才恰恰是致使人类收入获取能力丧失的诸多因素中不能忽略的方面。联合国开发计划署的《人类发展报告》显示，收入不足仅仅是贫困的一部分，更

为重要的则是基本生存、发展能力的欠缺。由此可见，贫困至少包含两个层面的内容，即收入贫困与能力贫困，而后者更能体现出贫困的根本属性。从本质来看，福利改进反映的是全体成员福利的整体进步与提高，如果仅有一部分人的福利得以改善，而另一部分人却福利低下，那么就不能视为福利的改进。从这个角度不难理解，福利改进实质上要求的是缩小福利差距、提升福利低下人群的福利水平。而福利低下人群大多数情况下是指那些贫困人群，福利低下的原因更主要的在于能力贫困。

基于上述分析，本研究认为在解决福利改进的方案设计上，首当其冲的就是对起点公平与结果公平要有一个清晰的认识，才能为缩小福利差距的政策制定提供新的视角。从前文的分析可知，福利改进政策如果仅着眼实现结果公平、解决贫困人群的收入贫困问题，将无法达到真正意义上的贫困消除目标，而是更应聚焦起点公平理念下的能力扶贫。换言之，福利改进就是要消除能力贫困，消除那些有可能引发能力被剥夺的各种因素，更加注重起点的公平，以及发展人的基本能力和权利。由于社会的不公平无法依靠市场机制加以解决，因而政府有必要、有责任通过制度与政策反贫困、缩小福利差距。

因此，草原生态补奖政策的制度逻辑即为起点公平重于结果公平，在草原生态补奖的过程中对起点公平的关注就显得尤为重要。这意味着在草原生态补奖机制下牧区牧户的福利改进不能单纯地依靠福利制度，而应坚持以开发式的福利改善为主、以补偿式的福利制度为辅的方式，针对那些受教育水平不高、家庭生计多样性指数偏低，而又具备劳动能力、愿意自食其力的牧户，政府要竭尽所能地帮助他们发展生产、改善生活，通过增加其受教育的机会、加强其职业技能培训、发展后续产业等方式提高牧户获得非牧就业的能力和机会。要由原先单纯的收入补偿转向发展牧户能力、增强牧户功能的可行能力补偿，由传统的财力补偿转向面向牧户的扶持政策补偿，确保补奖牧户的长久生计可持续。这种转变将在实现牧户福利改进的同时，避免由于过度的福利制度带给财政的不堪重负。诚然，由于个体或群体在特征方面存在差异，同样的政策或资源由于人的不同、环境的不同会转变为不一样的功能性活动。因此，为有效减少福利差异提升牧户的福利水平，就要对补奖后牧户的福利变化呈现出恶化趋势的牧户给予更多的关注，对家庭劳动力占比较小、劳动力平均年龄较大，因家庭成员患重病而返贫，草场规模过小而生计活动又单一等牧户要给予一定的特殊照顾。

总之，起点公平就是要将传统补偿方式转变为发展牧户的可行能力补偿、扶持牧户的政策补偿等方面；要通过对不同牧户群体或个体采取差别化、针对性的政策支持及资源倾斜措施，以实现草原补奖机制视阈下牧户的福利状况的改善，对于缩小牧户福利差距、促进牧区社会公平、构建和谐牧区环境也会产生重大而深远的意义。

8.2.4 自上而下的供给决策机制要改变，单中心供给体制要向多中心供给体制变革

8.2.4.1 转变自上而下的供给决策机制

上文中提到在草原生态补奖机制实施过程中的起点公平重于结果公平，但这并不意味着可以忽视结果公平。结果公平关乎福利制度的优化，关系到牧户最终所能得到的福利公共产品的多少。福利制度所涉及的内容本质上归属于公共产品与服务范畴，这就涉及牧区公共产品的供给问题。市场失灵致使公共产品无法由市场机制有效提供，政府理所当然地成为牧区公共产品与服务最重要的生产者和供给者。现实中，牧区公共产品供给主体的单一化，客观上造成了公共产品供给的官僚垄断（赵春江，2011）。牧区公共产品的供给内容、供给方式、供给对象等都由上级政府决定，在公共产品供给过程中，上级政府的绝对权威性限制了基层政府或嘎查级组织的主动性，导致这些基层政府或嘎查级组织无法，或者不愿弄清牧民关于牧区公共产品供给真实的需求意愿，使公共产品的供给常会出现结构性问题。于是，牧民较少需要甚至不需要的公共产品却出现了供给过度，而牧民急需的与生产、生活密切相关的公共产品紧缺，如牧民急需的教育、医疗、养老、社会保障等公共产品长期得不到政府的有效供给。自上而下的供给决策机制是牧区公共产品供给制度的一个显著特征，各级政府通过计划和行政命令自上而下地决定和安排公共产品的供给，指令性、主观性和强制性色彩浓厚，造成发展基础、

经济发展状况各异的不同区域却要按照统一的标准执行上级政府的安排，忽视了不同地区牧民的差异性、政策的不适应性，难以满足各地牧民真实的公共产品需求。这种自上而下的供给决策机制，极易产生低效率问题，造成效率损失。

如图 8-1 所示，假设有嘎查甲和嘎查乙，嘎查甲对牧区公共产品的需求曲线是 D_1，嘎查乙对牧区公共产品的需求曲线为 D_2。嘎查公共产品的供给成本为 P。嘎查甲的牧民认为公共产品的最佳供给量是 Q_1，嘎查乙的牧民则认为公共产品的最佳供给量是 Q_2，而上级政府实际上统一提供的供给量是 Q_3。于是，对于嘎查甲而言，牧区公共产品明显供给不足，产生的效率损失是 $\triangle ABC$；对嘎查乙来说，则是供给过度，产生的效率损失为 $\triangle CDE$。但是，如果牧区公共产品分别由两个嘎查自行决定，到底该提供什么样的品种和数量呢？嘎查甲的供给量将上升到 Q_1，嘎查乙的供给量将下降到 Q_2，两个嘎查牧民的公共产品供给效率都将得到改善。此时，政府总供给效率将随着基层供给效率的改善得到提升（赵春江，2011）。

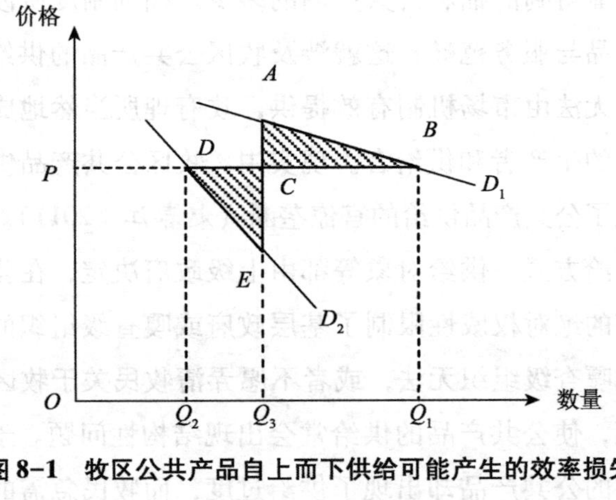

图 8-1　牧区公共产品自上而下供给可能产生的效率损失

现实中，大多数情况下牧民只能被动地接受现有供给的公共产品，致使牧区公共产品的供给者（政府）和消费者（牧民）之间出现信息不对称，供给者（政府）与消费者（牧民）的需求相脱节，难以达到公共产品的供求均衡，也无法实现牧区公共产品的最优供给。因此，应建立政府与牧民共同决策的机制，决策程序要由现在的“自上而下”转变为“自下而上”。这种“自下而上”的决策机制，以基层的需求为主导，以需求方的意愿和偏好为转移，能使政府供给的公共产品成为牧民的真正所需，从而提高供给效率，使社会资源达到最优配置。

为此，应从以下几方面努力：一是推进牧区基层民主建设，建立完善的民主选举机制、民主决策表达机制，健全牧民对牧区公共产品需求的有效表达机制。可以通过牧民代表大会等措施，最大化地征求牧民对公共产品的需求意向，并逐级反映给上级政府。社区公共资源的筹集、公共产品的供给不仅要经嘎查会议或牧民代表大会表决同意，也要接受其监督。二是提高牧民的组织化程度，增强牧民的群体力量以及维护自身权益的意识。鼓励广大的牧民群体通过建立协会、合作组织等方式，通过合法的渠道反映自己的心声和问题；建立信息反馈制度和监督制度，对于牧民的各种福利相关诉求，及时给予回复（盖志毅，2011）。三是加强宣传教育，帮助牧民从思想上逐步养成对公共产品的需求理性。牧民是理性的经济人，在公共产品供给过程中会权衡预期的成本收益，大部分牧民对短期内能改善自己生活的公共产品偏好较大，而对那些关系到长期利益的公共产品却更多地表现出消极态度，如畜牧业科技推广、教育培训等。通过对牧民的宣传、教育转变牧民的观念，令其能够在勇于、乐于、善于表达自己的真实需求或承担公共产品的供给责任的同时，以更长远的眼光看待公共产品的供给。

8.2.4.2　构建牧区公共产品的多中心供给体系

政府主导下的公共产品供给体制，属于典型的单中心供给体制，按照国家对公共产品管理权限的分配方式，可以进一步划分为集权管理体制与分权管理体制。前者是在中央政府的高度集权下，由中央政府完成全国公共产品供给的大部分职能；后者则是在中央政府权力下放的前提下，由地方政府负责公共产品的主要供给。分权制其实就是变相的放权或者授权，这种松散式的集权制实质上并未真正脱离集权制的权力构架，中央政府作为权力中心的本质并没有发生改变，重要的决策权仍然被中央政府掌控（奥斯特罗姆，

2012)。无论是集权制还是分权制，在制度架构方面同归属于单中心体制，两种体制都无法达到预期的制度绩效。而与单中心体制不同的多中心体制，是指在一种规则下多因素行为间既相互独立又互相调适。多中心体制的特征在于允许并鼓励消费者、供应者及生产者既相互竞争，又在不同层次混合搭配、协作运行（麦金尼斯，2000）。相对于我国的单中心体制安排，多中心体制有助于克服单中心体制下的信息不对称、政府寻租、决策与执行效率低下等问题，将会为牧区公共产品的供给带来多种选择与激励，提高公共产品的供给效率，破解牧区公共产品的供给困局。

（1）实现供给主体的多元化。牧区公共产品供给主体由单一化向多元化转变，有助于拓展牧民公共产品需求的选择范围，对于提高牧区公共产品的供给效率，打破政府在牧区公共产品供给过程中的垄断，满足牧民对牧区公共产品的多样化需求具有重要意义。多元化的供给主体涵盖以下几种：其一，以政府为主体的牧区公共产品的主要供给者。政府负责供给那些广泛性、非排他性、非竞争性兼具的纯公共产品，如国防、基础教育、畜牧业生产基础设施建设等。其二，以私人部门作为牧区公共产品供给的参与者。不同于纯公共产品，部分公共产品虽然具有消费上的非竞争性，但可以有效排他，这类公共产品又被称为“俱乐部产品”，它们可以由民间供给或是转化为私人产品，如公共桥梁、公共电影院等。布坎南（1968）认为当居民收入水平不断提高时，可以由私人完成俱乐部产品的供给。因此，对于那些外部性较低、进入成本不高的牧区公共产品，通过政府的预算管理、价格指导、税收减免等经济激励措施，依据市场交易规则引导非营利部门、私营企业、非政府组织等，有序参与到牧户所需的非牧就业培训、畜牧业生产相关服务、畜牧业技术推广等公共产品的生产与供给环节中。其三，以牧区的社区、合作社等作为牧区公共产品的供给参与主体。社区、合作社在公共产品方面的供给优势在于，能立足生活聚居区内牧户的真实需求，由辖区内居民共同协商集资达成社区治安、社区公共设施维护以及社区内便民、利民服务等公共产品的供给。我国牧民生活在嘎查、浩特之中，通过社区、合作社供给的方式，能够把公共产品的供给范围缩小到一个嘎查内、浩特内，更易实现有效供给。其四，以非营利组织作为牧区公共产品的供给方。非营利组织主要是指不以盈利为目的、由公民自愿发起和组织的志愿团体、社会组织或民间协会等，近些年已逐渐发展壮大，如贫困乡村牧区的扶贫、支教活动，民间的社会福利机构及团体等，主要进入的是营利部门不感兴趣的公共产品供给领域。

（2）实现筹资渠道的多样化。作为牧区公共产品多中心供给体制中的重要组成部分，多样化的筹资渠道包括财政渠道、民间资金渠道、个人筹资渠道、金融渠道。其中，财政资金是牧区公共产品的主要资金来源，随着新牧区建设的逐步深入，国家在牧区公共产品的投入会继续增加，特别要继续加大对牧区医疗、养老、教育的资金投入，保证补奖后牧户能享受更好的公共服务，不断提升牧户的福利水平。民间资金主要是来自我国慈善、公益组织的资金，主要投向了公共服务尤其是贫困地区的教育领域。此外，个人筹资渠道和金融渠道今后将成为牧区公共产品资金来源的有益补充。

8.2.5 牧户生计资本状况要改善，牧户可持续生计要维系

基于可持续生计理论，草原生态补奖机制对牧民可持续生计影响的分析框架，是由脆弱性环境、牧民生计资本、转化结构与过程、牧民生计策略以及牧民生计结果等部分构成。在脆弱性环境背景下，草原自身的脆弱性、外部冲击（如经济冲击、自然灾害、政府行为、社会异常事件、战争等冲击）、趋势（如人口趋势等）以及季节性（如价格、产品的周期性变动）等脆弱性因素，共同作用于牧民的生计资本，并改变它们。由于牧民获取幸福的能力在很大程度上取决于他们所掌握的资产，不同的资产组合在生计策略的作用下实现的生计结果各异（Sati et al.，2017），掌握较多生计资本的牧民拥有的选择权更多，运用政策措施确保其生计安全的能力也更大。

在可持续生计分析框架下，牧民生计资本涵盖物质资本、自然资本、金融资本、人力资本和社会资本等，其中物质资本与自然资本是牧民生计得以提升必不可缺的核心要件，这些生计资本的积累关系到牧民对生计成果的获取和经济生活水平的提高，对于可持续利用的草原生态环境也至关重要。在文化、法律政策制度内，牧民围绕生计策略展开生计活动。生计策略就是将

牧民所拥有的生计资本转化为积极生计结果的过程、方式和安排，是牧民为实现生计目标而对所拥有资本的充分利用、配置以及对经营活动的合理选择。牧民的资本资产状况不同，生计活动各异，呈现出的生计策略多种多样，产生的生计结果也有所不同。在可持续生计分析框架的几部分内容中，牧户的生计资本处于前端和核心地位，生计资本的多少决定了牧户所掌握的资源量，是牧户组织家庭生产、获取家庭收入的基础，对于牧户实现可持续生计的重要性可想而知。因此，基于可持续生计分析框架和现有文献，本研究将围绕当前牧区牧户生计资本现状，研究草原生态补奖机制下如何提升牧户的生计资本水平，以期实现牧户生计资产存量的增长，利用具有优势的生计资产完成多样化的生计转型。

在内蒙古牧区，牧户所拥有的五种生计资本的具体内涵不同。自然资本是指牧户拥有的用以生产农畜产品的自然资源，主要包括牧户拥有的天然草地和饲草料地。对于牧户而言，草地是其生存、发展的基础与根本。其中，天然草地是指牧户拥有的未经改良的草地，而饲草料地是指牧户拥有的人工栽培后草地。物质资本是旨在提高牧区牧户生产力，以确保牧户完成畜牧业生产的生产资料及基础设施等，包括牧户的住房条件、家庭固定资产和牲畜规模等内容。金融资本是指人们为实现生计目标而利用的各种金融资源，如可利用的现金、可获取的贷款、借款等，涉及牧户的家庭收入、融资渠道等因素。人力资本是人们为实现生计策略、达到生计目标所掌握的知识、技能以及具备的劳动能力，包含家庭劳动能力、受教育程度和非农培训情况等变量。社会资本是指牧户在生计活动中所能调动的各种社会资源，囊括了牧户参加社区组织情况、获得他人帮助情况、与亲戚走动情况、与邻居交往程度等指标。根据前文的研究结论，为改善牧户的 5 项生计资本状况，本研究从以下方面提出改进策略。

第一，由前文分析可知，牧户管理的草场面积越大，越有助于其福利水平的提高。为此，大力鼓励牧户以多种方式实现草场流转，有规律地划区轮牧，通过牧户的联合经营、共同使用草场资源，提高牧户的自然资本和物质资本水平。在调研过程中发现，内蒙古牧区不乏整合草场、跨区轮牧的成功案例，并进行了大胆的探索。例如，锡林郭勒盟西乌旗达旗畜牧合作社、苏敦牧场合作社，呼伦贝尔市新巴尔虎右旗克尔伦苏木芒来嘎查的几个牧户等，这些地区的牧户将个人承包的小型草场联合起来以实现大面积轮牧，按照春、夏、秋、冬四个营地对草场进行使用，这种以四季轮牧的方式经营畜牧业，变单户经营为合作社联合或者牧户联合经营的模式，使牧户的草场得以有效整合，实现草场的适度规模经营，更能符合草原生态发展规律，也能有效推进牧区畜牧业的发展，特别是对促进草场规模较小的牧户福利问题的解决也是一种积极有益的尝试。

第二，根据第 6 章、第 7 章的研究结果，家庭生计多样性指数越高的牧户，家庭福利水平越好。特别是在第 7 章，家庭生计多样性指数变量的 OLS 回归结果为显著，在各个分位数上其系数符号均为正，这意味着调查牧户在补奖机制实施前后的福利变化与牧户家庭生计多样性指数正相关。这是因为，家庭生计多样性指数越高，非牧收入的获取能力越强，对牧户的金融资本产生的影响就越大，越有利于牧户福利的改善。因此，地方政府应在转变牧区产业结构及牧业生产方式、大力发展后续支撑产业方面多下功夫，促进牧区第一、第二、第三产业融合，这将有助于丰富家庭生计多样性指数，提升牧户的非牧收入水平。尤其是针对那些对畜牧业依赖程度重、牧业收入居牧户收入主体地位、草场规模小的牧户，增加其生计的多样性指数，对实现生计转型和福利的改善意义更大。

第三，牧户的受教育年限越长，家庭的福利状况越佳。牧户的受教育程度对牧户的福利产生正向影响，因为受教育程度的高低能作用于牧户的人力资本，影响牧户的未来就业与发展机遇，最终改变牧户的福利。因此，加大对牧户的教育投入、技术培训以及就业指导服务，提升其人力资本水平，可以增强牧民的非牧就业能力。

第四，牧户社会交往功能性活动隶属度越高，牧户的福利水平越高。帕特南（2010）等认为，社会关系网络能提高集体行动的能力，增进个体行动的信任，增强牧户抗风险的能力，进而提升人类的互惠水平。牧民拥有的社会资本量与社会关系网络规模呈正相关，若社会关系网络丰富，则牧民就能获得更多实用技术、教育培训以及有利信息等机会。鉴于此，本研究认为可以通过加强牧区的通信网络建设，借助互联网丰富牧户社会关系的网络，助力牧户社会资本的积累。

第五，在草原生态补奖机制下，政府还应加大牧区的基础设施投资力度，改善牧区牧业生产条件，加强饲草料基地建设，提高牧户的牧业收入，这不仅有利于提升牧户的物质资本和金融资本水平，对于切实增强牧户的风险防范能力也将发挥积极的作用。

8.3 研究展望

本书立足微观牧户视角，对实施草原生态补奖机制前后牧户福利的绝对水平、相对差异及其影响因素，分别从理论、实证两个角度进行分析，力求全面、客观地研究草原生态补奖机制下牧户福利差异等一系列问题，但仍有不足之处，有待在后面的研究中不断充实和完善。

一是基于森的可行能力理论延伸出的草原生态补奖机制下牧户家庭福利测度理论，还需借助更多的研究加以考证。目前，国内外关于可行能力理论的相关研究大多围绕个人福利的研究展开，而本书的研究对象是草原生态补奖机制对牧户福利的影响，考察的是牧户家庭的福利变化，因此要在已有的个人福利理论基础上延伸出牧户家庭福利理论模型。而受困于文献阅读与研究经验的不足，该理论延伸的准确性、可靠性尚待进一步证实。

二是基于个人可行理论延伸出的牧户家庭福利测度的理论框架，构建本研究中草原生态补奖机制下牧户家庭福利的评价指标体系，包含6个维度20个因子在内，其全面性、科学性也需经过更多的实证研究得以检验。

三是草原生态补奖机制下牧户福利的差异，除受到草原生态补奖机制本身的影响之外，还受其他多种因素的影响。但在研究过程中，因研究能力有限，受困于问卷设计精准度，对牧户生活了解程度不够，加之问卷的设计与实际有所偏离等因素的制约，有可能无法对影响牧户福利差异的所有潜在因素做到全面考察，有待日后进一步完善。

参考文献

[1] FERRARO P J, M M HANAUER. Quantifying Causal Mechanisms to Determine How Protected Areas Affect Poverty through Changes in Ecosystem Services and Infrastructure [J]. Proceedings of the National Academy of Science of the United States of America, 2014, 111 (11): 4332-4337.

[2] ALIXGARCIA J M, SIMS K R E, YAEZPAGANS P. Only One Tree from Each Seed? Environmental Effectiveness and Poverty Alleviation in Mexico's Payments for Ecosystem Services Program [J]. American Economic Journal Economic Policy, 2015, 7 (4): 1-40.

[3] 柳荻，胡振通，靳乐山. 生态保护补偿的分析框架研究综述 [J]. 生态学报，2018，38 (2): 380-392.

[4] SMITH L MS, CASE J L, SMITH H M, HARWELL L C, SUMMERS J K, et al. Relating Ecosystem services to Domains of Human Well - being: Foundation for A U. S. index [J]. Ecological Indicators, 2013 (28): 79-90.

[5] 程长林，任爱胜，陈林. 青藏高原社区牧民社会福利比较分析：以夏河等社区为例 [J]. 软科学，2016，30 (10): 58-61.

[6] 魏琦，侯向阳. 建立中国草原生态补偿长效机制的思考 [J]. 中国农业科学，2015，48 (18): 3719-3726.

[7] 王娜娜，武永峰，胡博，等. 基于环境保护正外部性视角的我国生态补偿研究进展 [J]. 生态学杂志，2015，34 (11): 3253-3260.

[8] YU B, L XU, X WANG. Ecological Compensation for Hydropower Resettlement in A Reservoir Wetland Based on Welfare Change in Tibet, China [J]. Ecological Engineering, 2016 (96): 128-136.

[9] 严立冬，李平衡，邓远建，等. 自然资源资本化价值诠释：基于自然资源经济学文献的思考 [J]. 干旱区资源与环境，2018，32 (10)：1-9.

[10] HOLDREN J P，EHRLICH P R. Human Population and the Global Environment [J]. American Scientist，1974，62 (3)：282-292.

[11] EHRLICH P R，EHRLICH A. Extinction：The Cause and Consequen ces of The Disappear-ance of Species [J]. Quarterly Review of Biology，1982 (1)：82.

[12] WESTMAN V E. How Much Are Nature's Services Worth? [J]. Science，1977，197 (4307)：960-964.

[13] 康晓虹，陶娅，盖志毅. 草原生态系统服务价值补偿对牧民可持续生计影响的研究述评 [J]. 中国农业大学学报，2018，23 (5)：200-207.

[14] 杜琼. 滇西"三江并流"区域生态补偿机制的构建 [J]. 云南行政学院学报，2017，19 (6)：151-157.

[15] 高榕，刘冷馨. 青海省实施生态效益补偿机制的实践及建议 [J]. 宏观经济管理，2018 (1)：77-82.

[16] 戴悦，史梦鸽. 长三角大都市群生态功能区生态补偿机制研究进展综述 [J]. 生态经济，2018，34 (1)：202-207.

[17] CORBERA E，SOBERANIS C G，BROWN K. Institutional Dimensions of Payments for Eco-system Services：An Analysis of Mexico's Carbon Forestry Programme [J]. Eco-logical Economics，2009，68 (3)：743-761.

[18] SCHOMERS S，MATZDORF B. Payments for Ecosystem Services：A Review and Comparison of Developing and Industrialized Countries [J]. Ecosystem Services，2013 (6)：16-30.

[19] 盖志毅. 英国圈地运动对我国草原生态系统可持续发展的启示 [J]. 内蒙古社会科学（汉文版），2006 (6)：93-97.

[20] 李潇，李国平. 基于不完全契约的生态补偿"敲竹杠"治理：以国家重点生态功能区为例 [J]. 财贸研究，2014，25 (6)：87-94.

[21] 刘燕，周庆行. 退耕还林政策的激励机制缺陷 [J]. 中国人口·资

源与环境，2008，15（5）：104-107.

［22］ADHIKARI B，BOAG G. Designing Payments for Ecosystem Services Schemes：Some Considerations ［J］. Current Opinion in Environmental Sustainability，2013，5（1）：72-77.

［23］饶清华，林秀珠，邱宇，等. 基于机会成本的闽江流域生态补偿标准研究［J］. 海洋环境科学，2018（5）：655-662.

［24］POWELL G V N，J BARBORAK，and S M RODRIGUEZ. Assessing Representativeness of Protected Natural Areas in Costa Rica for Conserving Biodiversity：A Prelimi-nary Gap Analysis ［J］. Biological Conservation，2000（93）：35-41.

［25］SLAVIKOVA L. From Cost-Benefit to Institutional Analysis in the Economics of the Environment ［J］. Contemporary Economics，2013，7（2）：67.

［26］胡海川，曹慧，郝志军. 生态补偿标准确定方法研究［J］. 价值工程，2018，37（3）：100-103.

［27］ENGEL S，PAGIOLA S，and WUNDER S. Designing Payment for Environmental Services in Theory and Practice：An Overview of the Issues ［J］. Ecological Economics，2008（65）：663-674.

［28］HYNES S，GHERMANDI A，NORTON D，WILLIAMS H，et al. Marine Recreational Ecosystem Service Value Estimation：A Meta-analysis with Cultural Considerations ［J］. Ecosystem Services，2018（42）：101-122.

［29］宋向阳，郑淑华，图力古尔，等. 生态补偿政策评价研究进展［J］. 草原与草业，2018，30（1）：18-25.

［30］张继平. 农户参与生态补偿意愿研究进展［M］//中国环境科学学会. 2015年中国环境科学学会学术年会论文集：第一卷. 中国环境科学学会，2015：5.

［31］KOMBA C，MUCHAPONDWA E. An Analysis of Factors Affecting Household Willingness Toparticipate in the REDD + programme in Tanzania ［J］. Climate & Development，2016，9（3）：244-257.

[32] OJAMBO R. Review of the Ecological Compensation Efficiency [J]. Acta Ecologica Sinica, 2012, 32 (6): 1960-1969.

[33] BROWN MA, CLARKSON BD, BARTON BJ, et al. Implementing Ecological Compensation in New Zealand: Stakeholder Perspectives and A Way forward [J]. Journal of the Royal Society of New Zealand, 2014, 44 (1): 34-47.

[34] SHANMUGAM MP, RAMANJULU R, KUMAR RM, et al. The Legalization of Agricultural Ecological Compensation Subject [J]. Journal of Anhui Agricultural University, 2012, 108 (3): 413-444.

[35] 赵雪雁. 生态补偿效率研究综述 [J]. 生态学报, 2012 (6): 1960-1969.

[36] 乔晓楠, 王丹. 流量型污染的生态补偿: 实施主体、条件与经济绩效 [J]. 环境经济研究, 2017, 2 (4): 123-140.

[37] WUNDER S, ENGEL S and PAGIOLA S. Taking Stock: A Comparative Analysis of Payment for Environmental Services Programs in Developed and Developing Countries [J]. Eco-logical Economics, 2008 (65): 834-852.

[38] VILLARROYA A, PERSSON J, PUIG J. Ecological Compensation: from General Guidanceand Expertise to Specific Proposals for Road Developments [J]. Environmental Impact Assessment Review, 2014, 45 (2): 54-62.

[39] KOH S. A Comparative Analysis of Ecological Compensation Programs: The Effect of Program Design on The Social and Ecological Outcomes [J]. Department of Earth Sciences, 2014 (12): 51-63.

[40] 秦小丽, 刘益平, 王经政, 等. 江苏循环农业生态补偿效益评价 [J]. 统计与决策, 2018 (3): 69-72.

[41] 谢花林, 程玲娟. 地下水漏斗区农户冬小麦休耕意愿的影响因素及其生态补偿标准研究: 以河北衡水为例 [J]. 自然资源学报, 2017, 32 (12): 2012-2022.

[42] 王新年, 沈大军. 基于讨价还价模型的跨省水源地保护生态补偿标准研究 [J]. 南水北调与水利科技, 2017, 15 (6): 88-95.

[43] 耿翔燕，葛颜祥，张化楠. 基于重置成本的流域生态补偿标准研究：以小清河流域为例 [J]. 中国人口·资源与环境，2018，28 (1)：140-147.

[44] PAGIOLA S, ARCENAS A, PLATAIS G. Can Payments for Environmental Services Help Reduce Poverty? An Exploration of the Issues and the Evidence to Date from latin America [J]. World Development, 2005, 33: 237-253.

[45] KATHARINE RES, JENNIFER M A, ELIZABETH S, et al. Improving Environmental and Social Targeting through Adaptive Management in Mexico's Payment for Hydrological Services Program [J]. Conservation Biology, 2014, 28 (5): 1151-1159.

[46] SULTANA N, HOSSAIN ME, KHAIRUL M. Income Diversification and Household Well-Being: A Case Study in Rural Areas of Bangladesh [J]. International Journal of Economics & Business Research, 2015, 4 (43): 172-179.

[47] CHIN B. Income, Health, and Well-being in Rural Malawi [J]. Demographic Research, 2010 (23): 997-1030.

[48] ABIMBOLA O. Livelihood Diversification and Welfare of Rural Households in Ondo State, Nigeria [J]. Journal of Development & Agricultural Economics, 2013, 5 (12): 482-489.

[49] JONES C A, Mishra AK. Income an Incomplete Measure of Farm Household Well-Being [J]. Amber Waves, 2012 (6): 113-142.

[50] GAUTAM Y, ANDERSEN P. Rural Livelihood Diversification and Household Well - being: Insights from Humla, Nepal [J]. Journal of Rural Studies, 2016 (44): 239-249.

[51] HUANG J K. Agricultural Trade Liberalization and Poverty in China [J]. China Economic Review, 2007 (18): 244-265.

[52] 王军英. 中国农村福利与分配格局变迁研究 [M]. 北京：经济管理出版社，2014.

[53] 龚雪. 产业转移的动力机制与福利效应研究 [M]. 北京：法律出版

社，2009.

[54] 孙浩进. 中国产业转移的区域福利效应研究 [M]. 北京：经济管理出版社，2013.

[55] 王兰秀. 农民福利可持续发展与政府治理创新 [M]. 长春：吉林大学出版社，2011.

[56] 傅蔚冈. 农地征收中的财产和福利 [J]. 浙江学刊，2008 (4)：145-152.

[57] 刘妍，刘翀，张靖. 2007—2016 年乌审旗人类福祉变化分析 [J]. 广东蚕业，2018，52 (4)：138-139.

[58] 韩央迪，李迎生. 中国农民福利：供给模式、实现机制与政策展望 [J]. 中国农村观察，2014 (5)：13-24，93.

[59] 陈露. 我国农业保险业务萎缩的经济学分析 [J]. 农业经济问题，2004 (11)：32-35.

[60] 王根芳，陶建平. 农业保险、自然垄断与保险补贴福利 [J]. 中南财经政法大学学报，2012 (4)：74-78.

[61] 孙香玉. 农业保险补贴的福利研究及参保方式的选择 [M]. 北京：中国大地出版社，2009.

[62] 潘景璐，周建华，温亚利. 中国西北沙漠化地区农民家庭收入影响因素分析 [J]. 林业经济，2010 (9)：94-98，104.

[63] VERA MEYER，MIKAEL R，Current Challenges of Research on Filamentous Fungi in Relation to Human Welfare and A Sustainable Bio-economy：A White Paper [J]. Fungal Biology and Biotechnology，2016，3 (1)：357-381.

[64] 赵士洞，张永民. 生态系统评估的概念、内涵及挑战 [J]. 地球科学进展，2004，19 (4)：650-657.

[65] 肖长江，欧名豪，李鑫. 基于生态—经济比较优势视角的建设用地空间优化配置研究：以扬州市为例 [J]. 生态学报，2015，35 (3)：696-708.

[66] JOSE MARIA CARDOSO DA SILVA，SHIVANGI PRASAD，JOSé ALEXANDRE FELIZOLA DINIZFILHO. The Impact of Deforestation,

Urbanization, Public Investments, and Agriculture Onhuman Welfare in the Brazilian Amazonia [J]. Land Use Policy, 2017 (65): 35-62.

[67] MILDER J C, SCHERR J C, BRACER C. Trends and Future Potential of Payment for Ecosystem Services to Alleviate Rural Poverty in Developing Countries [J]. Ecology and Society, 2010, 15 (2): 4-23.

[68] 王晓毅, 张浩, 占少华, 等. 发展中的贫困与贫困影响评价 [J]. 国家行政学院学报, 2015 (1): 79-85.

[69] 杜洪燕, 武晋. 生态补偿项目对缓解贫困的影响分析——基于农户异质性的视角 [J]. 北京社会科学, 2016 (1): 121-128.

[70] 黄锡生, 何江. 论生态文明建设与西部扶贫开发的制度对接 [J]. 学术论坛, 2017, 40 (1): 105-110.

[71] 耿翔燕, 葛颜祥. 生态补偿式扶贫及其运行机制研究 [J]. 贵州社会科学, 2017 (4): 149-153.

[72] HRVOJE MIKULI, JII JAROM, KLEME, et al. Shaping Sustainable Development to Support Human Welfare [J]. Clean Technologies and Environmental Policy, 2016, 18 (6): 1633-1639.

[73] AHMETOVI E, IBRI N, KRAVANJA Z. Optimal Design for Heat-integrated Water-using and Wastewater Treatment Networks [J]. Applied Energy, 2014, 135: 791-808.

[74] BRENDAN FISHER, STEPHEN POLASKY, THOMAS STERNER. Conservation and Human Welfare: Economic Analysis of Ecosystem Services [J]. Environmental and Resource Economics, 2011, 48 (2): 151-159.

[75] ROBERT SCHWAGER, ECKWERT, BERNHARD, et al. The Economics of Screening and Risk Sharing in Higher Education: Human Capital Formation, Income Inequality, and Welfare [J]. Journal of Economics, 2016, 118 (3): 277-280.

[76] STRECK C, SULLIVAN R O, SMITH JT, et al. Climate Change and Forests: Emerging Policy and Market Opportunities [J]. Brookings Institution

Press and ChathamHouse, 2009, 458 (7235): 151.

[77] MOLNAR A, SCHERR S J, KHARE A. Who Conserves the World' s Forests? [R]. Washington D C: Environmental NGOs and Investment Institutions, 2004.

[78] LANSING D M. Understanding Smallholder Participation in Payments for Ecosystem Services: The Case of Costa Rica [J]. Human Ecology, 2017, 45 (1): 1-11.

[79] BRACER C, SCHERR S, MOLNAR A, et al. Organization And Governance for Fostering Pro-poorcompensation for Environmental Services [J]. Working Papers, 2016, 1 (5): 135-144.

[80] KOLLMUSS, ZINK H and POLYCARP C. Making Sense of the Voluntary Carbon Market: A Comparison of Carbon Offset Standards [R]. India: World Wildlife Fund Germany, 2008.

[81] ERWIN, H BULTE. Payments for Ecosystem Services and Poverty Reduction: Concepts, Issues and Empirical Perspectives [J]. Environment and Development Economics, 2008 (13): 245-254.

[82] 吴乐，孔德帅，靳乐山. 生态补偿对不同收入农户扶贫效果研究 [J]. 农业技术经济，2018 (5): 134-144.

[83] 周维佳，寸云激. 我国农村地区生态保护扶贫研究现状和实施策略 [J]. 改革与战略，2018，34 (8): 77-80.

[84] 冷志明，丁建军，殷强. 生态扶贫研究 [J]. 吉首大学学报（社会科学版），2018，39 (4): 70-75.

[85] 尚海洋，宋妮妮，丁杨. 生态补偿现金方式的减贫效果分析 [J]. 统计与决策，2018，34 (12): 90-93.

[86] 黄征学，史育龙. 促进环京津贫困带脱贫发展的政策建议 [J]. 经济研究参考，2016 (63): 54-67.

[87] 李亮，高利红. 论我国重点生态功能区生态补偿与精准扶贫的法律对接 [J]. 河南师范大学学报（哲学社会科学版），2017，44 (5): 59-65.

[88] 王晓毅，张倩，荀丽丽，等. 贫困影响评价与资源利用：以草原奖补政策和土地流转为例［J］. 中国农业大学学报（社会科学版），2016，33（5）：119-128.

[89] 李惠梅，张安录. 生态环境保护与福祉［J］. 生态学报，2013，33（3）：825-833.

[90] 李惠梅，张雄，张俊峰，等. 自然资源保护对参与者多维福祉的影响：以黄河源头玛多牧民为例［J］. 生态学报，2014，34（22）：6767-6777.

[91] 张复明，景普秋. 矿产开发的资源生态环境补偿机制研究［M］. 北京：经济科学出版社，2010.

[92] 王甲山，刘洋，邹倩. 中国水土保持生态补偿机制研究述评［J］. 生态经济，2017，33（3）：165-169.

[93] 李双成，刘金龙，张才玉，赵志强. 生态系统服务研究动态及地理学研究范式［J］. 地理学报，2011，66（12）：1618-1630.

[94] 李惠梅，张安录. 基于福祉视角的生态补偿研究［J］. 生态学报，2013，33（4）：1065-1070.

[95] 彭大松. 农村劳动力流动对家庭福利的影响［J］. 南京人口管理干部学院学报，2012，28（2）：31-42.

[96] 马广海，许英. 论社会福利：概念和视角［J］. 山东大学学报，2008（5）：141.

[97] 姚明霞. 福利经济学［M］. 北京：经济日报出版社，2005.

[98]［英］亚瑟·赛斯尔·庇古. 福利经济学［M］. 上海：上海财经大学出版社，2009.

[99] 黄有光. 福利经济学［M］. 北京：中国友谊出版社，1991.

[100] ROBBINS LIONEL. Interpersonal Comparisons of Utility: A Comment［J］. The Economic Journal, 1938（48）：635-641.

[101]［英］埃奇沃斯. 政治经济学论文集：第 2 卷［M］. 伦敦：凯根·保尔联合出版公司，1925.

[102] HICKS J R. The Foundations of Welfare Economics［J］. Economic

Journal, 1939 (49): 696-712.

[103] ARROW, KENNETH J. Social Choice and Individual Values [M]. NewYork: Wiley, 1963.

[104] [印] 阿马蒂亚·森. 伦理学与经济学 [M]. 王宇, 王文玉, 译. 北京: 商务印书馆, 2000.

[105] [英] 阿弗里德·马歇尔. 经济学原理 [M]. 北京: 商务印书馆, 2010.

[106] CHIPMAM J S, MOORE J C. EVOLUTION, Welfare and Time in Economics: Essays in Honour of Nicholas Georgescu - Roegen [J]. Lexington: Heath, 1976: 69-123.

[107] 厉以宁, 吴易风, 李懿. 西方福利经济学述评 [M]. 北京: 商务印书馆, 1984.

[108] [美] 霍推林. 全民福利同赋税和铁路与公用事业费用问题的关系 [J]. 经济计量学, 1938 (7): 242-269.

[109] KALDOR N. Welfare Propositions in Economics and Interpersonal Comparisons of Utility [J]. Economic Journal, 1939 (9): 549-552.

[110] 姚明霞. 西方社会福利函数理论述评 [J]. 教学与研究, 2000 (11): 65-68.

[111] SCITOVSKY T. A Note on Welfare Propositions in Economics [J]. Review of Economic Studies, 1941 (9): 77-88.

[112] LITTLE IMD. A Critique of Welfare Economics [M]. Oxford: Oxford University Press, 1950.

[113] NG Y K. Quasi-Pareto Social Improvements [J]. American Economic Review, 1984 (74): 1033-1050.

[114] [美] 萨缪尔森·诺德豪斯. 经济学: 第 12 版, 下册 [M]. 北京: 中国发展出版社, 1992.

[115] 罗必良. 新制度经济学 [M]. 太原: 山西经济出版社, 2005.

[116] [美] 阿兰·兰德尔. 资源经济学 [M]. 北京: 商务印书

馆，1989.

［117］［英］米德. 效率、公平与产权［M］. 北京：北京经济学出版社，1992.

［118］袁庆明. 新制度经济学［M］. 北京：中国发展出版社，2011.

［119］［美］约翰·罗尔斯. 正义论［M］. 北京：中国社会科学出版社，1998.

［120］朱成全，李东杨. 批判视野下罗尔斯和森的分配正义理论之比较［J］. 商业研究，2017（9）：110-117.

［121］［美］詹姆斯·M. 布坎南. 自由、市场和国家［M］. 北京：北京经济学院出版社，1988.

［122］LERMAN R I，Y I S. Improving the Accuracy of Estimates of Gini coefficients［J］. Journal of Econometrics，1989，42（1）：43-47.

［123］龚红娥. 基尼系数及其实际应用［J］. 市场与人口分析，2002，8（6）：35-40.

［124］SEN，AMARTYA K. On Economics Inequality［M］. Oxford：Clarendon Press，1997.

［125］UK Department for International Development. Sustainable Livelihoods Guidance Sheets［M］. London：Department for International Development，2000.

［126］CHAMBERS R，C G. Sustainable Rural Livelihoods：Practical Concepts for the 21st Century［M］. Brighton：International Water Management Institute，1991.

［127］赵立娟，康晓虹，史俊宏. 农地流转对农户生计转型影响的实证分析［J］. 中国农业资源与区划，2017，38（8）：158-162.

［128］贾若祥，高国力. 地区间建立横向生态补偿制度研究［J］. 宏观经济研究，2015（3）：13-23.

［129］顾婷婷，严伟. 基于福利经济学视角的乡村休闲旅游综合体的开发模式研究［J］. 生态经济，2014，30（4）：132-137.

［130］OLSON D H，GORALL D M. Circumplex Model of Marital and Family

Systems [J]. Journal of Family Therapy, 2000 (22): 144-167.

[131] SHEK D T L. Family Functioning and Psychological Well-Being, School Adjustment, and Problem Behaviorin Chinese Adolescents with Andwithout Economic Disadvantage [J]. Journal of Genetic Psychology, 2002 (163): 497-500.

[132] BEAVERS W R, H R. The Beavers Systems Model of Family Functioning [J]. Jour-nal of Family Therapy, 2000, 22 (2): 128-143.

[133] [美] W·古德. 家庭 [M]. 北京: 社会科学文献出版社, 1986.

[134] EPSTEIN MILLER I W, RYAN C E. The Mc Master Approach to Families theory Assessment, Treatment and Research [J]. Journal of Family Thaerapy, 2000, 22: 168-189.

[135] SKINNER H, Steinhauer P. Family Assessment Measure and Process Model of Family Functioning [J]. Journal of Family Therapy, 2000, 22 (2): 190-210.

[136] [日] 大桥熏. 90 年代社会福利的过度性课题 [J]. 社会福利研究, 1990 (49): 37-42.

[137] [日] 森冈清美. 家庭社会学 [M]. 东京: 东京大学出版会, 1972.

[138] [美] 威廉·奥格本. 社会变迁: 关于文化和先天的本质 [M]. 浙江: 浙江人民出版社, 1989.

[139] 邓志伟, 徐新. 当代中国家庭变革动因之探析 [J]. 学海, 2000 (6): 82-86.

[140] 刘中一. 构建符合我国国情的家庭福利政策体系研究 [J]. 社会保障研究, 2011 (3): 78-88.

[141] 罗红光. “家庭福利” 文化与中国福利制度建设 [J]. 社会学研究, 2013 (3): 145-161.

[142] 彭大松. 农村劳动力流动对家庭福利的影响 [J]. 南京人口管理干部学院学报, 2012, 28 (2): 31-42.

［143］ STEWART F. Horizontal Inequalities：A Neglected Dimension of Development ［M］. London：Palgrave Macmillan UK，2005.

［144］ NUSSBAUM M C. Women and Human Development：The Capabilities Approach ［M］. Cambridge：Cambridge University Press，2000.

［145］ OLUBUNMI I Y A，DANIEL A B. Income Inequality and the Welfare of Rural House-holds in Imo State，Nigeria ［J］. Agricultural Journal，2009，4 (5)：221-225.

［146］ GRASSO M. A Dynamic Operationalization of Sen' s Capability Approach ［M］. Italy：Proceedings of the 14th Conference of the Italian Society for Public Economics，2002.

［147］ BOARINI R，JOHANSSON A，E M M. Alternative Measures of Well-Being ［R］. London：OECD Economics Department Working Papers，2006.

［148］ 高进云，乔荣锋，张安录. 农地城市流转前后农户福利变化的模糊评价——基于森的可行能力理论 ［J］. 管理世界，2007 (6)：45-55.

［149］ 贾燕，李钢，朱新华. 农民集中居住前后福利状况变化研究 ［J］. 农业经济问题，2009 (2)：30-36.

［150］ 丁琳琳，吴群，李永乐. 土地征收中农户福利变化及其影响因素——基于江苏省不同地区的农户问卷调查 ［J］. 经济地理，2016，36 (12)：154-161.

［151］ 游和远，吴次芳，鲍海君. 农地流转、非农就业与农地转出户福利：来自黔浙鲁农户的证据 ［J］. 农业经济问题，2013 (3)：16-24.

［152］ 王珊，张安录，张叶生. 农地城市流转的农户福利效应测度 ［J］. 中国人口·资源与环境，2014，24 (3)：108-115.

［153］ 张梦琳. 农村宅基地流转前后农户福利差异及其影响因素分析——以河南四市为例 ［J］. 南京农业大学学报（社会科学版），2017，17 (2)：92-101.

［154］ 达林太，郑易生. 真过牧与假过牧——内蒙古草地过牧问题分析 ［J］. 中国农村经济，2012 (5)：4-18.

[155] 张蕾. 改革开放初期内蒙古牧区经济体制改革与畜牧业发展研究 [J]. 农业考古，2014（1）：66-72.

[156] 杨春，孟志兴，杨旭东. 草原生态保护补奖政策下牧区半牧区的牧业生产及牧民收入分析 [J]. 中国农学通报，2016，32（8）：8-12.

[157] 黎洁，妥宏武. 基于可行能力的陕西周至退耕地区农户的福利状况分析 [J]. 管理评论，2012（5）：66-72，101.

[158] 代光烁，娜日苏，董孝斌，等. 内蒙古草原人类福祉与生态系统服务及其动态变化——以锡林郭勒草原为例 [J]. 生态学报，2014，34（9）：2422-2430.

[159] 马贤磊，孙晓中. 不同经济发展水平农民集中居住后的福利变化研究——基于江苏省高淳县和盱眙县的比较分析 [J]. 南京农业大学学报（社会科学版），2012，12（2）：8-15.

[160] 闫小欢，霍学喜. 农民就业、农村社会保障和土地流转——基于河南省 479 个农户调查的分析 [J]. 农业技术经济，2013（7）：34-44.

[161] 上官彩霞，冯淑怡，陆华良，等. 城乡建设用地增减挂钩政策实施对农民福利的影响研究——以江苏省“万顷良田建设”项目为例 [J]. 农业经济问题，2016，37（11）：110-111.

[162] [美] 帕特南 · R. D. 使民主运转起来——现代意大利的公民传统 [M]. 南昌：江西人民出版社，2001.

[163] 康晓虹，史俊宏，张文娟，等. 草原禁牧补助政策背景下牧户生计资本现状及其影响因素研究：基于内蒙古典型牧区的调查数据 [J]. 干旱区资源与环境，2018，32（11）：59-65.

[164] CHELI B，and LEMMI A. A Totally Fuzzy and Relative Approach to the Multidimen - sional Analysis of Poverty [J]. Economic Notes，1995，24（1）：115-133.

[165] MARTINETTI E C. A Multidimensional Assessment of Well - being Based on Sen ' s Func - tioning Approach [J]. RivistaInternazionale Di Scienze Sociali，2000，108（2）：207-239.

[166] 高进云，乔荣锋. 土地征收前后农民福利变化测度与可行能力培养：基于天津市 4 区调查数据的实证研究 [J]. 中国人口·资源与环境，2016，26（S2）：158-161.

[167] 伽红凯，王树进. 集中居住前后农户的福利变化及其影响因素分析：基于对江苏省农户的调查 [J]. 中国农村观察，2014（1）：26-39，80.

[168] 关江华，黄朝禧，胡银根. 不同生计资产配置的农户宅基地流转家庭福利变化研究 [J]. 中国人口·资源与环境，2014，24（10）：135-142.

[169] KOEN DECANCQ，MARIA ANA LUGO. Weights in Multidimensional Indices of Wellbeing：An Overview [J]. Working Papers Department of Economics，2010，32（1）：7-34.

[170] 胡振通，柳荻，靳乐山. 草原生态补偿：生态绩效、收入影响和政策满意度 [J]. 中国人口·资源与环境，2016，26（1）：165-176.

[171] 赵昕东，王小叶. 食品价格上涨对城镇家庭消费与福利影响研究——基于 EASI 模型 [J]. 财经研究，2016，42（3）：51-68.

[172] 盖志毅.《半半歌》对实施乡村振兴战略的启示 [J]. 内蒙古社会科学（汉文版），2018，39（1）：119-124，189.

[173] 高进云，乔荣锋. 农地城市流转前后农户福利变化差异分析 [J]. 中国人口·资源与环境，2011，21（1）：99-105.

[174] LI H，HUANG X J，KWAN M P，et al. Changes in Farmers' Welfare from Land Requisition in the Process of Rapid Urbanization [J]. Land Use Policy，2015，42（1）：635-641.

[175] 袁方，史清华. 不平等之再检验：可行能力和收入不平等与农民工福利 [J]. 管理世界，2013（10）：49-61.

[176] 魏玲，张安录. 农地城市流转农民福利变化与福利差异测度——基于二维赋权法与三类不平等指数的实证 [J]. 中国土地科学，2016，30（10）：72-80.

[177] 李海燕，蔡银莺. 生计多样性对农户参与农田生态补偿政策响应状态的影响 [J]. 自然资源学报，2014，29（10）：1696-1708.

［178］李慧玲，马海霞，杨睿. 棉花主产区棉农生计资本对生计策略的影响分析——基于新疆玛纳斯县和阿瓦提县的调查数据［J］. 干旱区资源与环境，2017，31（5）：57-63.

［179］王加亭，王宗礼，徐林波，等. 草原生态补助奖励机制落实中的问题与对策——基于锡林浩特市牧户的调查实证分析［J］. 中国草地学报，2016，38（2）：1-5.

［180］胡振通，孔德帅，魏同洋，等. 草原生态补偿：减畜和补偿的对等关系［J］. 自然资源学报，2015，30（11）：1846-1859.

［181］李金亚，薛建良，尚旭东，等. 草畜平衡补偿政策的受偿主体差异性探析——不同规模牧户草畜平衡差异的理论分析和实证检验［J］. 中国人口·资源与环境，2014，24（11）：89-95.

［182］毛培胜，邵新庆，杨富裕，等. 我国草原生态旅游发展现状与问题浅析［J］. 西南民族大学学报（自然科学版），2016，42（2）：127-130.

［183］VETTER S. Rangelands at Equilibrium and Non-equilibrium：Recent Developments in the Debate［J］. Journal of Arid Environments，2005，62（2）：321-341.

［184］刘宇晨，张心灵. 不同地区牧民对草原生态补偿方式的选择研究［J］. 生态经济，2018，34（1）：197-201.

［185］叶晗，朱立志. 内蒙古牧区草地生态补偿实践评析［J］. 草业科学，2014，31（8）：1587-1596.

［186］刘晓莉. 我国草原生态补偿法律制度反思［J］. 东北师大学报（哲学社会科学版），2016，4（282）：85-92.

［187］李静. 我国草原生态补偿制度的问题与对策：以甘肃省为例［J］. 草业科学，2015，32（6）：1027-1032.

［188］胡振通，孔德帅，靳乐山. 谁是中小牧户？中小牧户的界定与产生［J］. 中国农业大学学报（社会科学版），2015，32（4）：93-100.

［189］JOHST K，DRECHSLER M，MEWES M，et al. A Novel Modeling Approach to Evaluate the Ecological Effects of Timing and Location of Grassland

Conservation Mea-sures [J]. Biological Conservation, 2015, 182 (2): 44-52.

[190] 李新文，陈耀，陈强强，等. 草原建设工程项目效益评价实证研究——以甘南州天然草原恢复与建设项目为例 [J]. 草业科学，2014，31 (1): 193-199.

[191] 尹晓青. 草原生态补偿政策：实施效果及改进建议：以内蒙古乌拉特后旗为例 [J]. 生态经济，2017，33 (3): 39-45.

[192] 巩芳. 草原生态四元补偿主体模型的构建与演进研究 [J]. 干旱区资源与环境，2015，29 (2): 21-26.

[193] BRENDAN, FISHER, STEPHEN POLASKY, et al. Conservation and Human Welfare: Economic Analysis of Ecosystem Services [J]. Environ Resource Econ, 2011 (38): 151-159.

[194] 张冬梅. 财政转移支付民族地区生态补偿的福利经济学诠释 [J]. 社会科学战线，2013 (2): 69-72.

[195] DICKINSON D, WEBBER M. Environmental Resettlement and Development on the Steppes OfInner Mongolia, PRC [J]. Journal of Development Studies, 2007, 43 (3): 537-561.

[196] 王丹，黄季焜. 草原生态保护补助奖励政策对牧户非农就业生计的影响 [J]. 资源科学，2018，40 (7): 1344-1353.

[197] 杨春，朱增勇，韩振. 草原生态保护补奖政策下牧户牧业生产决策行为影响分析——以山西和新疆为例 [J]. 干旱区资源与环境，2018，32 (5): 27-32.

[198] 韩枫，朱立志. 草场生态治理中的牧民收入影响因素研究：基于甘南草原的调研分析 [J]. 华中农业大学学报（社会科学版），2017 (2): 37-44, 131-132.

[199] 靳乐山，胡振通. 谁在超载？不同规模牧户的差异分析 [J]. 中国农村观察，2013 (2): 37-43, 94.

[200] 赵春江，李江. 新农村建设中公共产品供给问题研究 [M]. 北京：中国物资出版社，2011.

[201] 盖志毅. 新牧区建设与牧区政策调整——以内蒙古为例 [M]. 沈阳: 辽宁民族出版社, 2011.

[202] [美] 埃莉诺·奥斯特罗姆. 公共事务的治理之道: 集体行动制度的演进 [M]. 上海: 上海译文出版社, 2012.

[203] 迈克尔·麦金尼斯. 多中心体制与地方公共经济 [M]. 上海: 上海三联书店, 2000.

[204] [美] 布坎南. 公共物品的需求与供给 [M]. 上海: 上海人民出版社, 1968.

[205] SATI V P, VANGCHHIA L. A Sustainable Livelihood Approach to Poverty Reduction [M]. Basel: Springer International Publisher, 2017.

索　引

A

阿马蒂亚·森（8）
埃奇沃斯盒状图（28）

B

补奖标准（1）
补奖机制的总体满意度（62）
补奖意愿（137）
不平等测算（114）

C

草场流转（146）
草畜平衡型样本牧户（107）
草畜平衡政策（109）
草原生态补奖机制（1）
草原生态补奖资金量（62）
草原生态产品（42）
草原植被平均盖度（58）
成本收益分析（12）

D

多中心供给体制（141）

F

分位数回归（22）
福利比较（29）
福利测度（7）
福利的绝对水平（9）
福利的相对差异（8）
福利分配差距（115）
福利改进（8）

G

功能性活动（7）
供给决策机制（141）

H

户主受教育程度（103）

J

基尼系数（23）

家庭福利（9）
家庭生计多样性指数（71）
教育培训与发展机遇（25）
禁牧补助政策（2）
禁牧型牧户（63）

K

可持续生计（39）
可行能力（7）

L

“类正态”分布（100）
洛伦兹曲线（23）

H

模糊综合评价（22）

M

牧户类型（63）
牧区公共产品（141）

N

农牧户福利（14）

P

平均载畜能力（5）

Q

区域特征（99）

R

人均草场面积（71）

S

社会保障（6）
社会公平（6）
身体状况与心理感受（25）
生计资本（6）
生态补偿（1）

T

天然草原平均生产力（58）

W

外部性（5）

X

闲暇交往与环境评价（25）
效率损失（142）

Y

异质性因素（103）

Z

组织化程度（143）
组织生产与家庭收入（25）

后 记

我国于2011年起在内蒙古等主要省区的草原牧区开始实施草原生态保护补助奖励机制，内容涉及禁牧补助、草畜平衡奖励等方面。实施草原生态保护补助奖励机制的目标之一就是在保护草原生态环境的同时，确保牧户的收入不降低、福利不受损。然而，如果草原生态补奖的资金量等资源不足以弥补牧户在被限制性放牧后所遭受的损失，加上补奖机制实施后牧区的福利配套机制也不健全，就会使草原生态保护补助奖励机制给牧户的生活与福利带来负面影响。而且，如果补奖后牧民后续的生计资本匮乏，生计策略不能及时转变，以及牧区后续产业发展滞后、牧民技能培训和资金支持不足等制约因素得不到有效化解，就会在一定程度上挫伤牧户参与草原生态补偿机制的积极性，其结果必然是草原生态环境的退化得不到有效遏制，当地牧户的贫困化、边缘化、福利减退、两级分化等风险凸显，加剧牧户生产生活的脆弱性。可见，由内蒙古草原生态环境退化及其治理过程中有可能引发的草原生态补偿不充分、配套政策不到位乃至牧户福利差距拉大等问题，很可能致使当地陷入生态环境的进一步恶化、牧民的深度贫困以及地方经济发展滞后的恶性循环，而这恰恰违背了草原生态补奖政策的初衷。由此，自然资源的保护与生态环境的补偿客观可能带来的消极后果，就不得不引起我们的重视。因此，牧区关于草原管理的一系列政策与福利制度等，不仅关系到草原生态系统服务及其功能的变化，更关乎牧民福利的不断改善和牧区的可持续发展。如何在草原生态脆弱地区保持并增强草原生态服务功能，在有效推进草原生态补奖机制的前提下，实现贫困减缓、牧户福利的持续改善以及两级分化缩小的多赢局面，对于保持草原生态系统平衡、维持社会公平以及促进牧区全面可持续发展具有极其重要的理论与现实意义。

笔者长期关注草原生态系统服务、牧区草场资源管理以及牧户生计的可持续与福利提升等生态和民生问题。围绕这些研究课题，笔者相继承担国家社科基金一般项目“草场流转视阈下边疆牧区牧户生计转型及福利测度研究”、内蒙古哲学社会科学基金项目“草原生态补奖机制对内蒙古牧区牧民可持续生计影响研究”等相关课题；本书部分内容已在《中国人口·资源与环境》《农业技术经济》《中国农业大学学报》《干旱区资源与环境》《生态与农村环境学报》等权威与核心期刊发表相关论文6篇。作为阶段性研究成果，本书以福利经济学、农村经济学、自然资源环境经济学、社会学的研究理论和分析方法为依据，构建了牧户福利评价的理论与测度模型，阐述了草原生态保护补助奖励机制实施背景下牧户福利变动的理论基础，探究了草原生态补奖机制实施前后牧户家庭福利绝对水平的变化、补奖机制实施后牧户内部福利差异及其影响因素等一系列问题。

本书写作过程中得到了许多老师和专家的支持与帮助。内蒙古农业大学经济管理学院博士生导师盖志毅教授、内蒙古财经大学赵立娟教授和史俊宏教授给予了大力支持。中国经济出版社贺静编辑在本书出版过程中提出了许多中肯的意见，在此一并表示感谢！

本书如有遗漏之处，敬请谅解。不足之处在所难免，也恳请读者批评指正。

康晓虹

2021年1月20日